121 EXPÉRIENCES

pour apprendre en s'amusant

DEMETRA

Réalisation : *Renzo Zanoni*

Projet graphique : *Ars ludica*

Illustrations : *Luigi Aldegheri*

Réalisation de la version française : *Les Cours/Caen – Christian PESSEY*

Avec la collaboration de : *Anne Gaubert (PAO), Anne Laurence (secrétariat d'édition), Catherine Lucchesi (correction).*

121 Expériences
Première édition juillet 1997

Via Strà, 167 – S.S. 11
37030 Colognola ai Colli (VR)
Tél. 0039045/6174111 – Fax 0039045/6174100

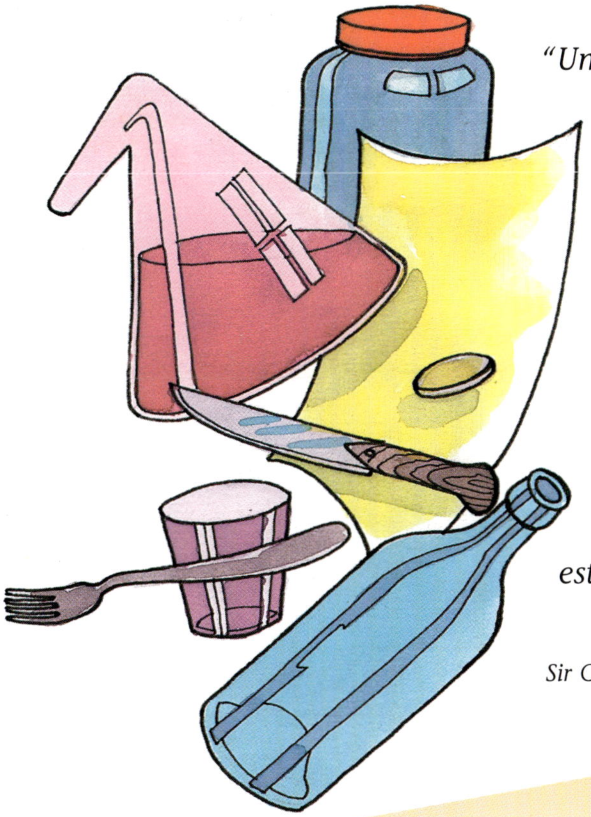

"Une expérience est une question que nous posons à la Nature, laquelle est toujours prête à nous donner une réponse exacte pourvu que nous formulions correctement la question, c'est-à-dire pourvu que nous préparions une expérience conforme à la question. Une expérience n'est pas un jeu de prestige, ce n'est pas quelque chose qui a pour seul but d'étonner ou que l'on effectue simplement parce que c'est beau ou pour rompre la monotonie d'un cours. Si quelques-unes des expériences que je propose sont intéressantes et peuvent servir à animer un cours, tant mieux ; en tout cas, leur but est de vous aider à comprendre tout seuls quelles sont les réponses correctes aux questions posées."

Sir Charles Vernon Boys, savant, inventeur, professeur et écrivain anglais.

QUAND LA PREMIÈRE MONTGOLFIÈRE S'ÉLEVA DANS LE CIEL DE VERSAILLES, EN 1783, CERTAINS SPECTATEURS DEMANDÈRENT À QUOI CELA SERVAIT. BENJAMIN FRANKLIN, QUI SE TROUVAIT LÀ, RÉPONDIT : "À QUOI ÇA SERT, SELON VOUS, UN ENFANT QUI VIENT DE NAÎTRE ?".

Comment les arbres s'alimentent-ils ?

L'Univers est formé d'atomes, mais quelle est leur taille ?

Peut-on voir dans le passé ?

Pourquoi glisse-t-on sur la glace ?

Pourquoi n'entendons-nous pas le grondement des explosions qui ont lieu sans interruption sur le Soleil ?

Pourquoi fait-il plus froid à la montagne qu'au niveau de la mer, alors qu'on est plus près du Soleil ?

L'eau qu'on laisse dehors en hiver gèle plus vite si elle a d'abord été réchauffée. Pourquoi ?

Pourquoi le savon aide-t-il à enlever la crasse ?

Pourquoi utilise-t-on l'eau pour éteindre les incendies ?

Sais-tu que, quand on allume un feu, ce ne sont pas les morceaux de bois qui brûlent ?

Qu'est-ce que c'est que le feu alors ?

Quand on lance un caillou dans une eau calme, on forme des ondes circulaires qui se propagent vers l'extérieur.

Quelle forme les ondes prennent-elles si l'eau bouge ?

Pourquoi une bougie s'éteint-elle quand on souffle sur sa flamme ? L'afflux d'air, qui contient de l'oxygène, ne devrait-il pas au contraire favoriser la combustion ?

Si pendant que tu te pèses, tu te penches en avant, tu découvriras que tu perds du poids ! Le phénomène est-il réel ou apparent ? Si au contraire tu soulèves rapidement un bras, ton poids augmente. Pourquoi ?

Pourquoi...

Empédocle, philosophe naturaliste, mystique et magicien, médecin et thaumaturge, mais aussi politicien démocrate, naquit et vécut à Agrigente, en Sicile, entre 435 et 490 avant J.-C. environ.

Dans son poème philosophique **De la nature de l'Univers**, il place quatre éléments éternels comme principes de la réalité ; il les appelle **racines** (*rhizòmata*) et les identifie avec la **terre** (Héra), le **feu** (Zeus), l'**air** (l'Éther) et l'**eau** ; toutes les choses naissent de leur combinaison et de leur séparation.

"La terre bénévole accueillit dans son ample sein deux des huit parties de la merveilleuse Nesti (l'eau), quatre parties d'Efesto (le feu) : ainsi naquirent les os blancs enchaînés par les liens admirables de l'Harmonie."

"Aucune des choses mortelles ne naît ni ne meurt, mais il y a seulement un mélange et une séparation des choses mélangées. C'est-à-dire : *"Rien ne peut naître ni périr d'une façon absolue, mais tout est union et séparation, éternelle et toujours identique."*

Comment se produit ce mélange, d'où viennent ce devenir apparent et cette transformation des choses ?

À côté des quatre racines, Empédocle place deux principes moteurs, l'un à l'extérieur de celles-ci, la **Discorde** (*neìkos*) ou **Haine**, et l'autre à l'intérieur, l'**Amour** (*philìa*).

Il s'agit de deux forces qui s'affrontent sur la scène du monde en se livrant une éternelle bataille : l'Amour, qui regroupe les éléments et leur donne une forme harmonieuse, est le principe de la vie et de l'ordre ; la Haine, qui désagrège tout, est au contraire la reine de la mort et du chaos.

Le monde est le résultat de leur confrontation.

Même l'homme est constitué, comme le reste, de la coopération de tous les éléments ; la pensée, en particulier, trouve sa place naturelle dans le cœur. Le sang, source de la connaissance de la réalité, est un mélange parfaitement proportionné des racines, et il est constitué par une partie de terre, une d'eau, une de feu et une d'air :

"Ce que les hommes appellent la pensée est nourrie par les flux du sang qui pulsent (le cœur), et c'est là principalement qu'elle se trouve ; pour les hommes, en effet, le sang qui entoure le cœur est pensée."

En partant de la réflexion d'Empédocle, nous avons subdivisé le livre en quatre chapitres.

Expériences sur la terre, avec l'eau, l'air, le feu.

Tu trouveras aussi des informations sur les principaux savants de l'Antiquité ou contemporains, et beaucoup de questions qui n'ont pas toutes une réponse. La recherche continue...

C'est une des choses les plus étranges,
et il est impossible pour une âme sensible d'y penser sans un peu de mélancolie,
que d'imaginer que, pendant au moins 50 000 ans, il y ait eu des hommes sur
cette planète qui auraient pu diriger un orchestre symphonique,
découvrir de nouveaux théorèmes dans le domaine des mathématiques pures,
travailler comme secrétaire aux Nations unies
ou piloter un vaisseau spatial,
si seulement on leur en avait donné la possibilité.

Arthur C. Clarke
Écrivain anglais de science-fiction (Les Neuf Milliards de noms de Dieu ; 2001, Odyssée dans l'espace, 2010, Odyssée 2).

Le mouvement est un signe de vie certain

- *Même les feuilles et les branches des arbres bougent. Qu'est-ce qui fait bouger les feuilles ?*
- *L'eau de la rivière ou d'une cascade bouge : quelle est la cause de ce mouvement ?*
- *Tu es assis dans ton fauteuil, en train de regarder ton émission de télé préférée. Es-tu vraiment immobile ?*
- *Pourrais-tu sauter plus haut si tes jambes étaient plus longues ?*

EXPÉRIENCES SUR LA TERRE

Un objet à l'arrêt reste immobile jusqu'à ce que quelque chose le mette en mouvement. Mais, pour déplacer un objet, il faut vaincre sa force d'inertie. Essaie de pousser une automobile avec les mains ! Il est difficile de la faire bouger. Un objet en mouvement continuera de bouger en raison de la force d'inertie jusqu'à ce que quelque chose l'arrête.

Les expériences sur la terre concernent

- **La force d'inertie**
- **Les machines**
- **Le frottement**
- **Le pendule**
- **Le centre de gravité**
- **L'électricité**
- **Les plantes qui mangent**

PAR LA FORCE D'INERTIE

Mets une pile de pions (comme ceux d'un jeu de dames) près du bord de la table.
Avec une règle, frappe le dernier pion d'un coup sec : il tombe de la table, alors que les autres restent immobiles.

Mets un verre plein d'eau sur une serviette. Si tu prends le bord de la serviette avec la main et que tu le tires lentement, le verre suit docilement le mouvement de la serviette parce qu'il est transporté par elle.
Mais, si tu enlèves la serviette d'un coup sec, le verre n'a pas le temps de suivre : il reste sur la table, imperturbable.
Tant que l'on n'est pas sûr d'effectuer correctement cette expérience, il vaut mieux utiliser un verre en plastique !

Place une pièce de monnaie sur une carte à jouer, puis pose la carte et la pièce sur un verre retourné. Parie avec tes copains que tu vas enlever la carte en laissant la pièce de monnaie à sa place, naturellement sans toucher la pièce de monnaie ou le verre. Pousse la carte d'une pichenette. La pièce de monnaie reste sur le verre.

1 *Pose un petit carton rigide sur quatre verres remplis d'eau disposés en carré. Au-dessus de chacun des verres, place un bouchon de liège et dépose un œuf dur sur chacun d'eux.*

2 *Avec une règle, frappe la tranche du carton : il s'envole, tandis que les œufs tombent dans les verres.*

DES OEUFS DURS OU CRUS ?

La force d'inertie est une propriété qui appartient à tous les corps matériels. C'est la résistance qui s'oppose à n'importe quelle mutation de leur état d'immobilité ou de mouvement.

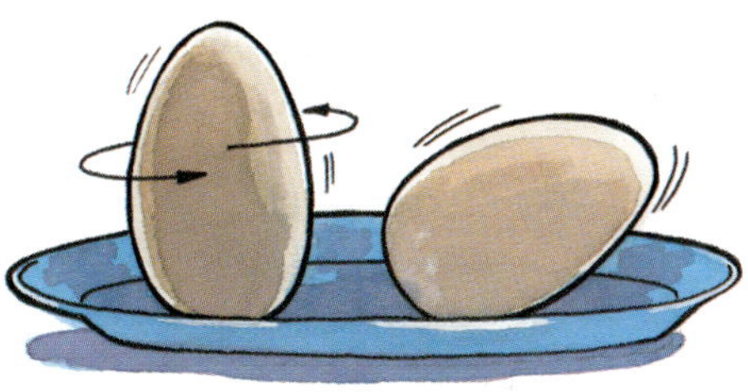

Prends un œuf cru et un œuf dur, pose-les droits sur une assiette et fais-les tourner en même temps.
Lequel des deux va s'arrêter le premier ?
L'œuf cru tombe presque tout de suite, alors que le cuit tourne plus longtemps.
L'œuf cru est en effet plein de liquide, qui exerce une grande force d'inertie et par conséquent résiste au mouvement de rotation.
L'œuf dur au contraire ne contient pas de liquide, et il continue de tourner jusqu'à ce qu'il ait épuisé toute son énergie.

Comment savoir si un œuf est frais, et distinguer un œuf cru d'un œuf cuit ?

Pour contrôler la fraîcheur d'un œuf, plonge-le dans de l'eau salée.
Si l'œuf est frais, il coule, parce que sa densité est plus grande que celle de la solution salée.
Au fur et à mesure que les jours passent, une bulle d'air se forme dans l'œuf, ce qui en diminue la densité et le rend plus léger, au point qu'il flotte au bout de huit jours.

Le record de lancement d'œufs de poule frais à partir d'un hélicoptère, sans les casser, est de 213 m. Les œufs ont été lancés sur un terrain de golf.

Bouger, soulever, transporter sont des actions fatigantes. L'homme a construit les machines pour qu'elles l'aident dans son travail, rendent ses voyages plus rapides et lui permettent de déplacer des objets bien plus lourds que lui. Quand on parle de "machines", on désigne d'ordinaire des choses comme un bulldozer, une automobile, un avion ou des équipements complexes d'usines. Est-ce que les clous sont aussi des machines ? Et le tournevis ou la balançoire ?

La Terre tourne sur son axe et met 24 h pour accomplir une rotation complète. Une personne qui se trouve sur la ligne de l'équateur bouge par conséquent à une vitesse de 460 m/s.
Plus on s'approche des pôles et plus cette vitesse diminue. La Terre, en outre, se déplace à une vitesse moyenne de 29,8 km/s autour du Soleil (mouvement de révolution).
Le système solaire tourne lui-même autour d'un axe passant par le centre de la Voie lactée à une vitesse de 250 km/s.
Une personne étendue sur son divan bouge en réalité sans s'en apercevoir, transportée par la Terre, à une vitesse considérable.

Le Livre Guinness des records certifie que le marteau-pilon le plus grand a été construit par les aciéries de Terni. La massue pèse 108 t.
La coulée de 1 000 t de fonte qui a servi à réaliser le contre-moule a mis 6 mois pour refroidir.

Le marteau-pilon est un gros marteau, une massue lourde ; il est utilisé par les forgerons et dans les usines sidérurgiques.

Le levier

Il est pratiquement impossible d'ouvrir le couvercle d'un pot de peinture avec les doigts. En revanche, on arrive très bien à l'ouvrir en faisant levier avec la lame d'un tournevis. C'est ainsi que l'homme du paléolithique utilisa la branche d'un arbre pour déplacer le bloc de pierre tombé devant l'entrée de sa caverne ; cette branche est en quelque sorte l'aïeul de notre bulldozer actuel. Le levier est considéré comme la première machine inventée par l'homme. Quelques leviers simples sont : le marteau, les ciseaux, les pinces, les brouettes, le casse-noix.

LA RAMPE

Quand, il y a environ 4 000 ans, les Égyptiens construisirent des pyramides, des sphinx, des obélisques, ils n'avaient à leur disposition aucune machine capable de les aider. Pour déplacer les énormes blocs de pierre et les disposer les uns sur les autres ou pour dresser les obélisques, ils construisaient des terre-pleins avec un plan incliné et ils les traînaient dessus. Ils creusaient ensuite des trous dans le sable, où ils calaient les colonnes.
Pourquoi était-ce plus simple de traîner les blocs que de les soulever de terre ?

Un obélisque *est un monolithe (un seul bloc) de pierre. Le plus grand se trouve piazza Laterano, à Rome. Il fait 32 m de haut et pèse environ 455 t.*

LA VIS

Pour changer un pneu crevé, il faut soulever la voiture. Cette opération est impossible sans l'aide d'une machine, mais, avec un cric à vis, même un enfant arrive à soulever une voiture.
La pointe d'un foret, la moulinette à légume, l'étau, la presse fonctionnent avec une vis.
La lame du scalpel, le clou, le couteau, la hache sont, eux, des exemples d'un autre type d'outil : le coin.

Le petit cylindre métallique qui sert à arrêter, serrer, unir (la vis) *et l'arbuste avec des branches grimpantes* (la vigne) *dont les fruits fournissent un breuvage enivrant* (le vin) *viennent l'un et l'autre du même mot latin "viere", qui signifie courber, entrecroiser.*

Une friction (ou frottement) a lieu chaque fois que deux surfaces en contact se déplacent l'une contre l'autre. C'est ce frottement qui cause une résistance au mouvement et un échauffement.

La force du sel

Ferme l'extrémité d'un petit tube avec un mouchoir en papier, bloqué par un élastique. À l'intérieur du tube, comprime du sel sur une hauteur de 10 cm environ.
Essaie de pousser le mouchoir en papier avec un bâtonnet en le faisant glisser à l'intérieur du tube, sans donner de coups secs.
Le frottement des particules de sel, qui exercent aussi une poussée sur les parois internes du tube, constitue une résistance presque invincible.

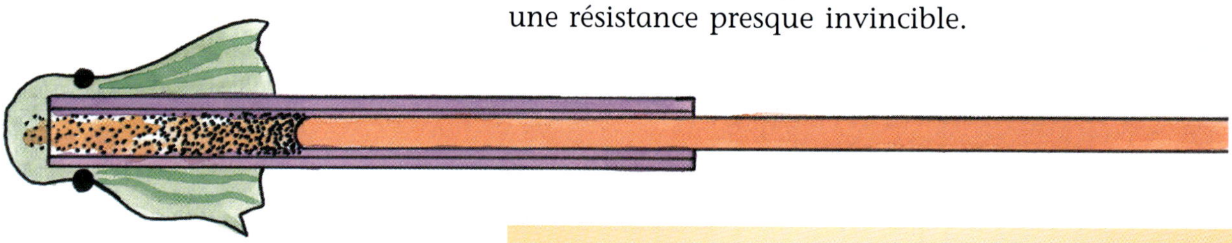

■ *Le frottement entre deux surfaces provoque de la chaleur. C'est pour cela que les éléments en mouvement dans le moteur d'une voiture doivent être toujours bien lubrifiés. Si l'huile manque, les parties en contact fondent à cause de la chaleur produite par le frottement.*
■ *Le frottement est bien utile. S'il n'existait pas, les roues tourneraient, mais l'auto ou la bicyclette ne se déplaceraient pas.*

Ça baigne dans l'huile

Quand les choses marchent bien, sans rencontrer d'obstacles, ***sans frottements****, on dit que "ça baigne dans l'huile", c'est-à-dire que les conditions de réalisation sont très favorables.*
Mais si quelque chose ne marche pas, si l'on rencontre une résistance, on dit cette fois que "ça frotte" et, une fois arrivé au blocage, que "ça grippe" ou encore que "ça coince". Alors, pour que tout se passe bien... "mets de l'huile !"

Le big bang

*La théorie du big bang, la "**grande explosion**", veut que l'Univers soit né d'une immense explosion survenue il y a 15 à 20 milliards d'années.*
Actuellement, l'univers visible connaît chaque seconde une expansion dont le volume est équivalent à celui de la Voie lactée.

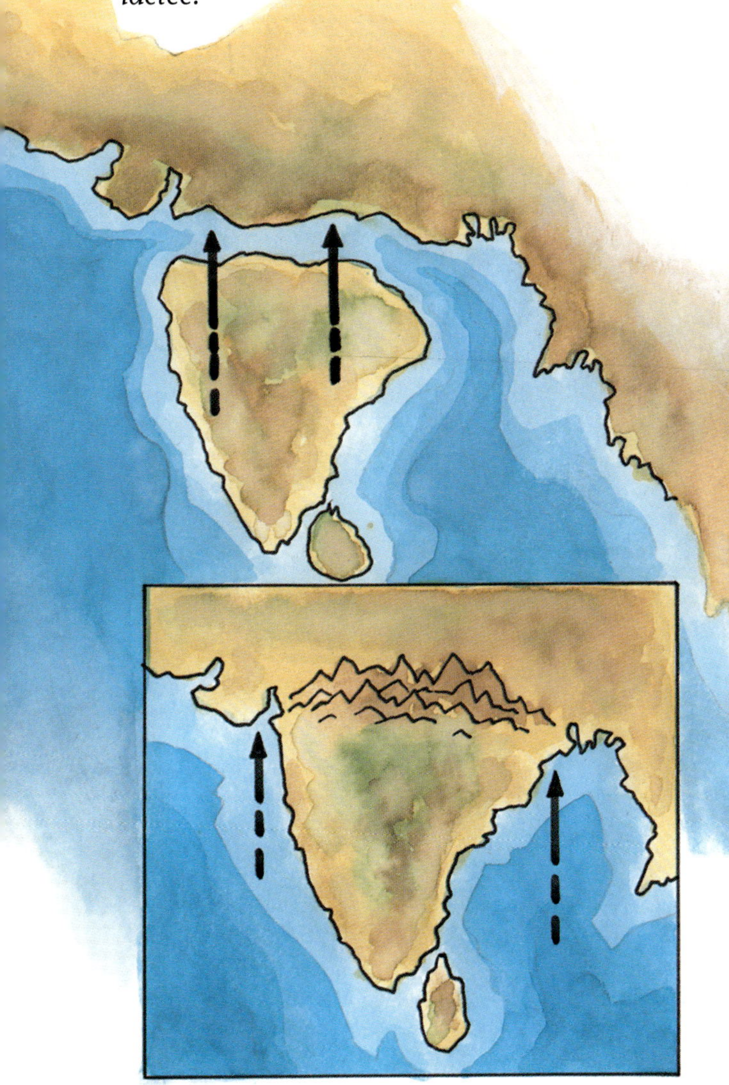

Quelle est l'origine de l'Himalaya ? Pourquoi la terre tremble-t-elle ?

Autrefois, la péninsule indienne était une île située au sud de l'Asie.
Il y a 50 millions d'années, elle s'est déplacée vers le nord pour venir buter contre le continent asiatique. La puissance de l'impact a fait plier la croûte terrestre et l'a soulevée en donnant naissance à la chaîne de l'Himalaya, qui a presque 9 000 m de haut.
La croûte terrestre n'est pas uniforme ; c'est une sorte de "puzzle", marqué par des fractures formant des plaques. Ces fissures, de même que les tremblements de terre, sont dues à la poussée des masses de matière fluide qui constituent l'intérieur de la Terre et qui sont en mouvement permanent.

Johannes Kepler *(1571-1630), astronome allemand. D'origine modeste, de santé fragile, sa vie fut une succession d'aventures familiales, de persécutions religieuses et de revers de fortune.*
Sa mère ayant été accusée de sorcellerie et condamnée au bûcher, il fut lui-même persécuté comme fils de sorcière.
Malgré une vie malheureuse, son œuvre dans les domaines de l'astronomie et de la mécanique fut immense.
Il se fixa pour objectif de percer les lois des trajectoires planétaires, qu'il synthétisa en trois lois au terme de 22 années de travail. Il fut le premier à avoir l'intuition de la gravitation universelle. Il s'intéressa aussi au problème du comptage du temps (défense du calendrier grégorien) et aux questions d'optique. Sous l'influence d'une mystique pythagorico-platonicienne des nombres, il tenta d'établir une correspondance entre les orbites des planètes et les propriétés géométriques des cinq polyèdres réguliers : cube, tétraèdre, dodécaèdre, octaèdre et icosaèdre.

Les pendules de Newton

Soulève la première boule, puis laisse-la retomber. Elle frappe la deuxième, qui reste toutefois immobile comme toutes les autres à l'exception de la dernière : la boule qui est à l'autre bout se soulève comme par magie. Quand elle retombe, le processus inverse se produit, et ainsi de suite. Qu'est-ce qui arrive si tu mets deux boules en mouvement ?

C'est une expérience fascinante, par laquelle on démontre comment on peut transférer de l'énergie d'un objet à l'autre. Elle est à l'origine du jeu du billard, des boules et des billes.

Suspends plusieurs boules assez lourdes à une structure. Si la première boule est lancée contre la suivante, la dernière bouge presque immédiatement. L'énergie passe de la première boule à la dernière à travers les boules centrales et la dernière utilise cette énergie pour se déplacer. Quand elle revient à sa place, elle communique son énergie à travers les boules centrales à la première boule, qui se met en mouvement.
Au bout d'un moment, l'amplitude des oscillations diminue, jusqu'à ce que les mouvements de va-et-vient cessent complètement.

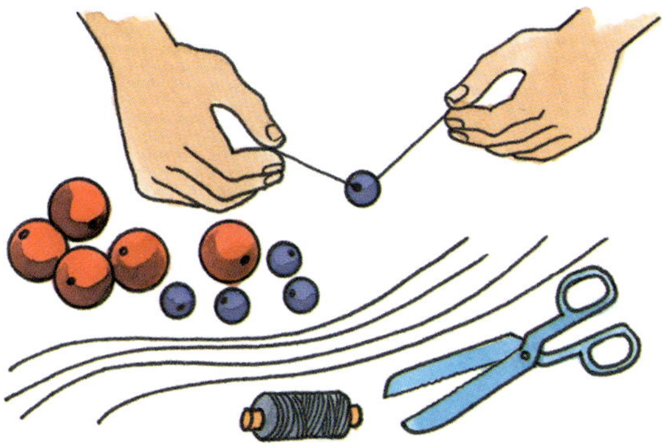

1 *Coupe plusieurs morceaux de fil de la même longueur (environ 30 cm). Enfile une petite perle dans chaque morceau, et fais-la glisser jusqu'au milieu.*

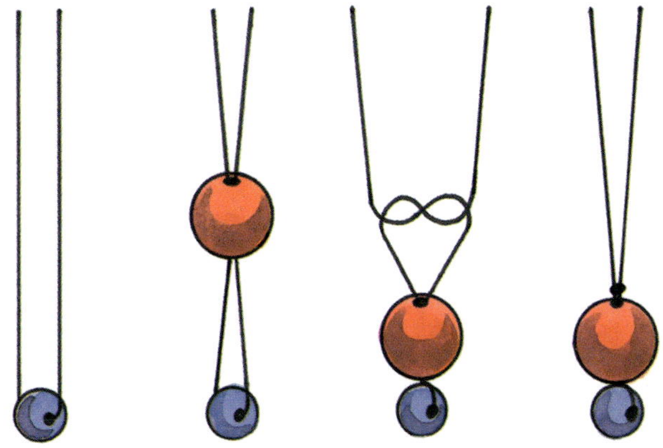

2 *Insère les extrémités du fil dans le trou d'une boule plus grosse. Plus elle est lourde, mieux cela vaut. Noue solidement le fil.*

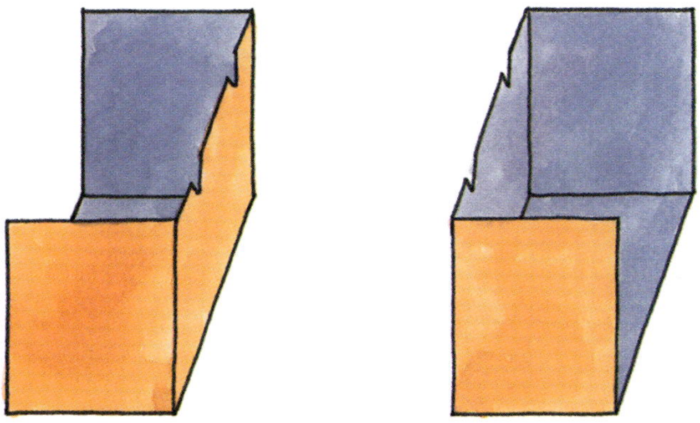

3 *Coupe une boîte de chaussure à moitié et fais deux entailles sur le bord. Pour rendre la construction plus stable, pose des livres ou d'autres objets lourds à l'intérieur de la boîte.*

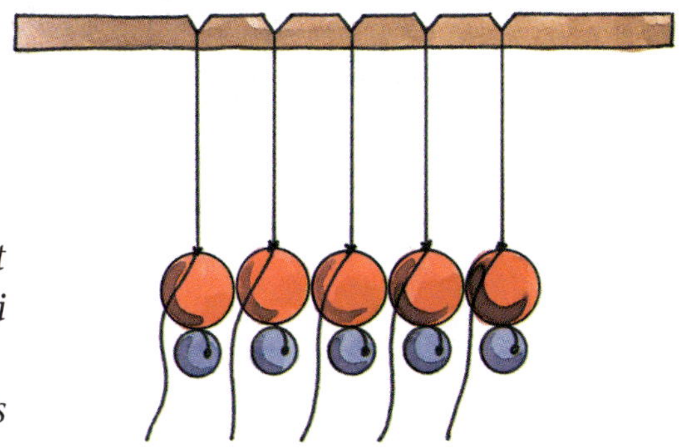

4 *Pour chaque perle, attache un fil autour d'un petit bâton en laissant entre deux encoches l'espace qui permet aux perles de se toucher à peine. Lorsque tu auras trouvé la position exacte, bloque les fils dans les encoches équidistantes. Répète l'opération sur la deuxième petite tige et attache l'autre extrémité des fils. Fais toujours très attention et espace-les correctement. Pose les petits bâtons sur la structure préparée et fais osciller les boules.*

Isaac Newton *(1642-1727), physicien et mathématicien anglais. Il n'était pas très brillant à l'école, mais montrait en revanche une grande habileté dans la construction de jouets et d'instruments mécaniques. Sa mère espérait en faire un bon agriculteur ; il devint au contraire professeur à l'université de Cambridge, puis directeur de l'Hôtel de la Monnaie de Londres.*
Il découvrit la décomposition des couleurs, il conçut le calcul infinitésimal, il posa les bases de la mécanique et élabora la théorie de l'attraction universelle, exposée dans le texte "Philosophiae naturalis principia mathematica".
Il ne chercha pas d'explications et n'indiqua pas les causes, il se contenta d'élaborer la formule exacte qui règle les phénomènes et d'en déduire mathématiquement toutes les conséquences. C'est en ceci que consistent son originalité et son mérite.

Suspends plusieurs objets de poids différent avec des ficelles de longueurs variées, à une corde bien tendue, d'environ 1 m de long.
Est-ce qu'un objet lourd et un objet léger, soutenus par des fils qui ont la même longueur, oscillent avec la même amplitude ? Lequel des deux oscille avec la plus grande amplitude ?

Le pendule

Tout corps suspendu à un fil oscillant autour d'un axe est un pendule… même la balançoire du jardin d'enfants ! Est-il possible de faire un tour complet sur une balançoire bien lubrifiée ou y a-t-il une certaine limite à la hauteur que l'on peut atteindre ?
Quand une personne est debout sur le siège, est-ce qu'elle bouge autrement qu'une personne qui est assise ?
Quel mouvement doit-on faire pour aller plus haut ?

Le nombre des oscillations par minute dépend seulement de la longueur du fil.
Un pendule dont le fil a une longueur de 98 cm effectue 1 oscillation par seconde. Il peut servir d'instrument de mesure dans beaucoup d'expériences.

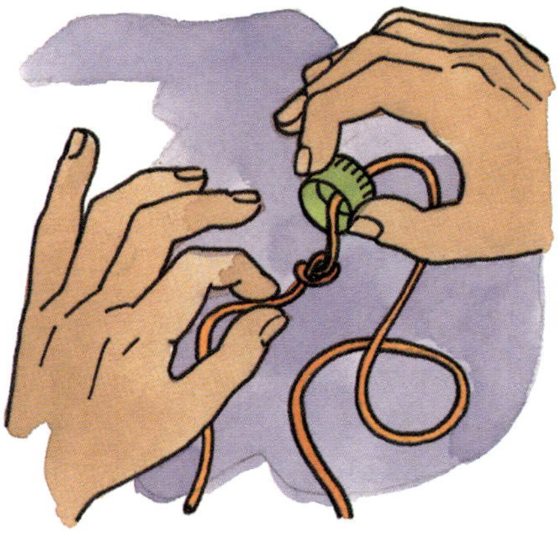

1 Perce le bouchon et le fond d'une bouteille en plastique avec un clou chauffé.

2 Bouche le fond de la bouteille avec du ruban adhésif et noue une ficelle de 2 m de long au bouchon.

3 Remplis la bouteille avec du sel fin ou du sable à mi-hauteur. Visse le bouchon. Fixe solidement le bout libre de la ficelle au chambranle d'une porte ou bien à une traverse.

- Fais osciller la bouteille à 50 cm du sol. Compte le nombre d'oscillations que le pendule effectue en une minute. Allonge la ficelle : le nombre d'oscillations augmente-t-il ou diminue-t-il ? Raccourcis la ficelle et vérifie le changement du nombre d'oscillations.

- Ajoute du sel ou du sable dans la bouteille pour la rendre plus lourde. Compte le nombre des oscillations par minute. Quelles sont les différences ?

- On peut faire aussi de beaux dessins avec un pendule. Étends un morceau de papier sur le sol, sous la bouteille. Couvre-le de colle. Enlève le morceau de ruban adhésif du fond de la bouteille et fais osciller le pendule de façon que le sable tombe sur la feuille. Tourne la feuille pendant que le pendule oscille : le sable dessinera des lignes magiques sur la feuille de papier.

"Et pourtant elle tourne"

Galileo Galilei *dit Galilée, savant italien (1564-1642). Il enseigna les mathématiques d'abord à l'université de Pise, puis à Padoue. Il fit de nombreuses expériences sur la chute des corps, il construisit une balance hydrostatique, il perfectionna la lunette astronomique, dont il se servit pour ses découvertes astronomiques : les satellites de Jupiter, les phases de Vénus, les mers de la Lune et les taches du Soleil. Sa contribution a été fondamentale pour l'édification d'un nouvel esprit de la recherche scientifique. Ses ouvrages sont de vrais chefs-d'œuvre, aussi bien par la clarté de la démonstration que par la cohérence de la méthode (Discours concernant les choses qui restent sur l'eau ou qui se déplacent dans celle-ci ; Dialogue sur les systèmes maximaux).*

Durant la dernière période de sa vie, il se consacra avec enthousiasme à un programme important de diffusion de la nouvelle méthode scientifique. Sa tentative de concilier les croyances religieuses avec les nouvelles découvertes scientifiques échoua. Il fut jugé par le tribunal de l'Inquisition et condamné. C'est seulement en 1990 que l'Église catholique a reconnu pleinement la pensée du grand physicien et astronome, initiateur de la méthode expérimentale moderne.

TROUVE LE CENTRE DE GRAVITÉ

Chaque objet, chaque animal, chaque personne a un barycentre. Le barycentre, ou centre de gravité, d'un corps est le point où l'on peut imaginer que tout son poids est concentré.

1 Découpe une silhouette en carton et suspends-la à un clou. Le trou doit être assez large pour que la silhouette puisse bouger sans problème et se disposer de façon naturelle selon la force de gravité.

2 Suspends un fil maintenu en tension par un poids au même clou.

3 Trace une ligne droite sur la silhouette le long du fil vertical.

4 Suspends maintenant la silhouette en faisant un trou dans un autre point quelconque situé près du bord. Attache un fil maintenu en tension par un poids au clou et trace une autre ligne droite.
Au point de rencontre des deux lignes droites, on trouve le centre de gravité.
En procédant de cette façon, tu trouveras le barycentre de n'importe quelle silhouette.

***En abaissant le barycentre d'un objet, on arrive à trouver un équilibre parfois incroyable.
Essaie toi-même, en réunissant les conditions illustrées dans les pages suivantes.***

Le pêcheur équilibriste

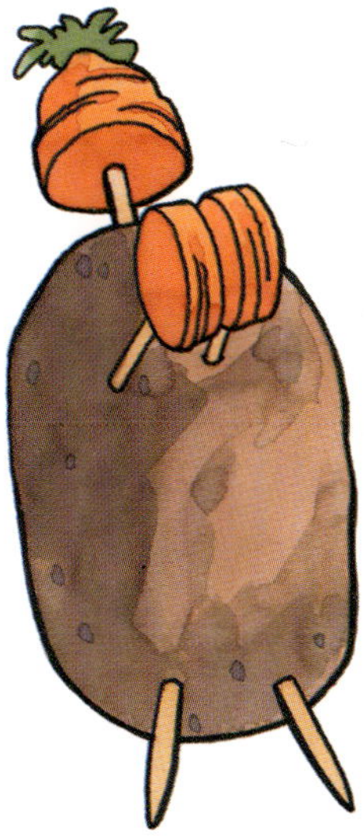

1 *Le corps du pêcheur est constitué d'une grosse pomme de terre ; la tête est un morceau de carotte avec ses petites feuilles.*
Relie les deux éléments avec une petite pique en bois ou un cure-dent.
Réalise les jambes et les bras de la même manière.
Les mains seront représentées par de petites rondelles de carotte.

2 *Recourbe un fil de fer mesurant environ cinq fois la longueur du corps du petit bonhomme. Plantes-en un bout dans la pomme de terre entre les piques et les rondelles de carotte qui forment les bras et les mains.*

3 *L'autre bout du fil de fer descend au-dessous des pieds du bonhomme avec une courbure dépassant sa tête. Attache au bout du fil une autre pomme de terre à laquelle tu auras donné l'aspect d'un poisson en dessinant les yeux, la bouche, les nageoires. Le pêcheur reste en équilibre debout sur le bord de la table, tandis que le poisson se balance en dessous de la table.*
Le petit bonhomme reste en équilibre, tout en se penchant en avant et en arrière.
L'objet ne tombe pas parce que son centre de gravité se trouve sous ses pieds.

Plante une aiguille à tricoter et deux fourchettes dans un gros bouchon. Pose l'aiguille à tricoter sur le bouchon métallique de la bouteille. Les fourchettes doivent avoir la même inclinaison afin que le montage reste en équilibre.

Un crayon, une rondelle de liège, un bouchon, une fourchette, une épingle à linge... et le tour est joué.

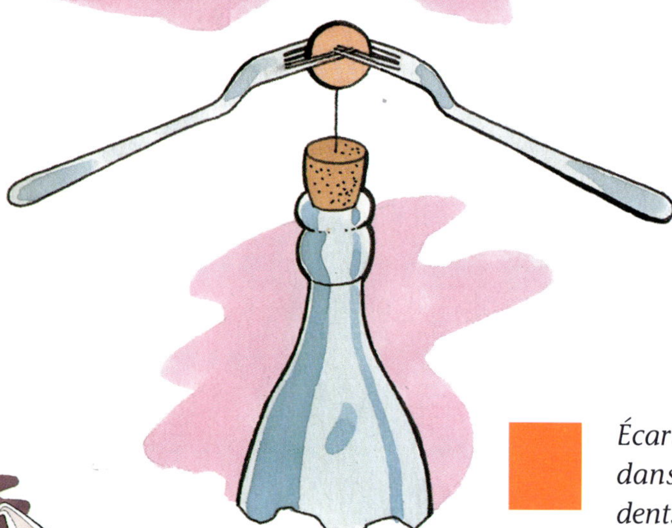

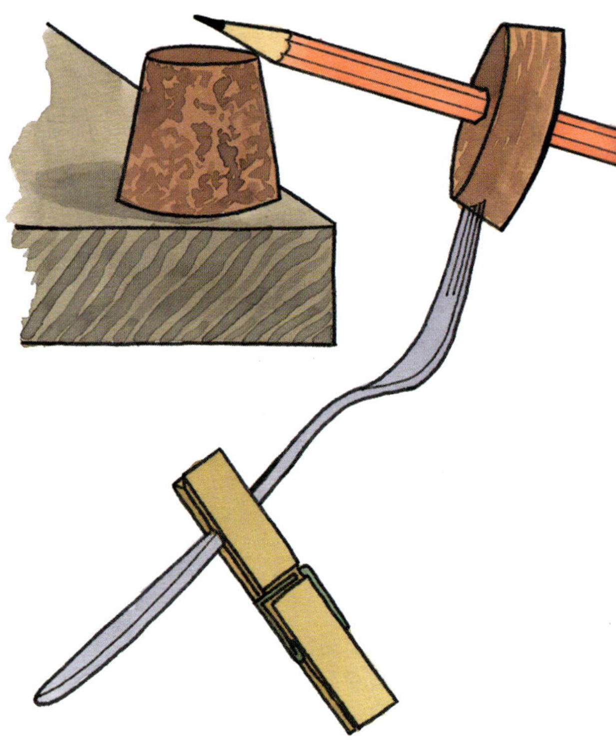

Écarte les dents des deux fourchettes et engage-les les unes dans les autres. Introduis une pièce de monnaie là où les dents se croisent. Pose la structure en équilibre sur l'aiguille.

Attache une ficelle au goulot d'une bouteille. Passe un couteau entre les deux brins et entortille-le de façon à raccourcir le nœud. Fais porter le manche du couteau sur le bouchon et la lame sur le bord de la table. La bouteille reste suspendue dans le vide.

Appuie la lame du couteau sur le chas tronqué d'une aiguille plantée dans un bouchon de liège ; ou bien suspends d'autres objets à l'extrémité de la lame du couteau.

Les peignes électrisés

■ Déchire une feuille de papier de soie en morceaux. Passe un peigne dans tes cheveux, ou bien frotte un stylo à bille sur de la laine ou sur une fourrure. De cette façon, les objets se chargent d'électricité.
Tiens le peigne ou le stylo au-dessus des petits morceaux de papier.
Tu verras que certains d'entre eux seront attirés par le peigne ou le stylo.

Le truc du fil indien

■ *Prends un fil de coton dans la main. Peigne-toi et approche le peigne de l'un des bouts du fil. Si tu déplaces le peigne, le fil le suit.*

Beaucoup d'objets se chargent d'électricité quand on les frotte sur de la laine ou bien qu'on les passe dans les cheveux, à condition que ceux-ci soient parfaitement secs.

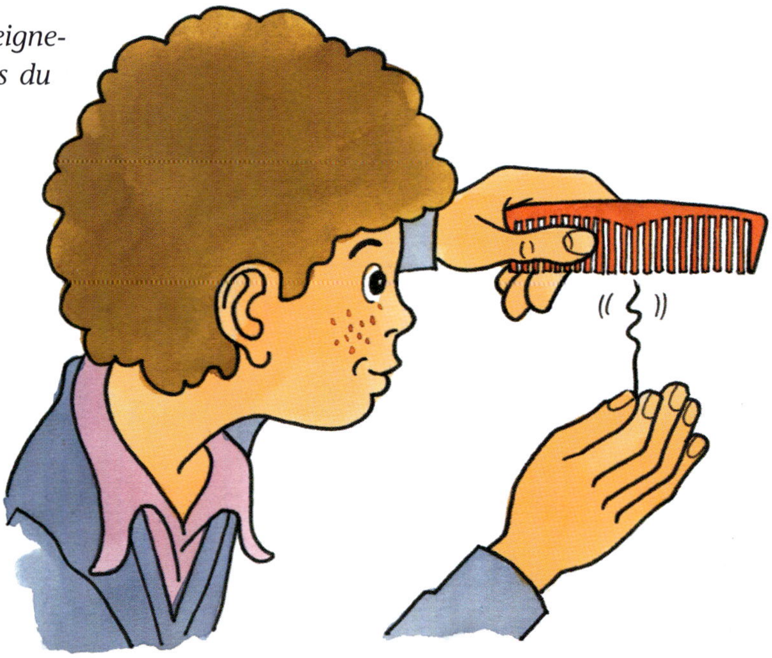

La foudre

La foudre est causée par l'électricité statique qui s'accumule dans les nuages. Quand un nuage est saturé en électricité, une étincelle en jaillit vers un autre nuage ou vers la terre.
Pendant un orage, il faut prendre certaines précautions : éloigne-toi des arbres, des troupeaux, des cheminées éteintes, des grottes ou des parois rocheuses. N'utilise pas d'appareils électriques et attends pour téléphoner. Si tu es à bicyclette, cherche rapidement un refuge. Dans une automobile, tu n'as rien à craindre : le caoutchouc des pneumatiques te protège.

L'eau ballerine

Peigne-toi puis approche le peigne d'un filet d'eau mince et régulier, tu verras l'eau se plier. Si tu déplaces le peigne de haut en bas, l'eau se met à danser.

Des étincelles dans la nuit

Peigne-toi dans l'obscurité près d'un robinet ouvert.
Approche le peigne de l'eau et tu verras de petites étincelles jaillir entre le peigne et l'eau.

Les étoiles tournantes

Plie en quatre un carré de papier mince. Coupe-le en forme d'étoile, comme sur l'illustration, et ouvre-le.
Plante un cure-dent dans une boule de pâte à modeler ou dans une gomme souple.

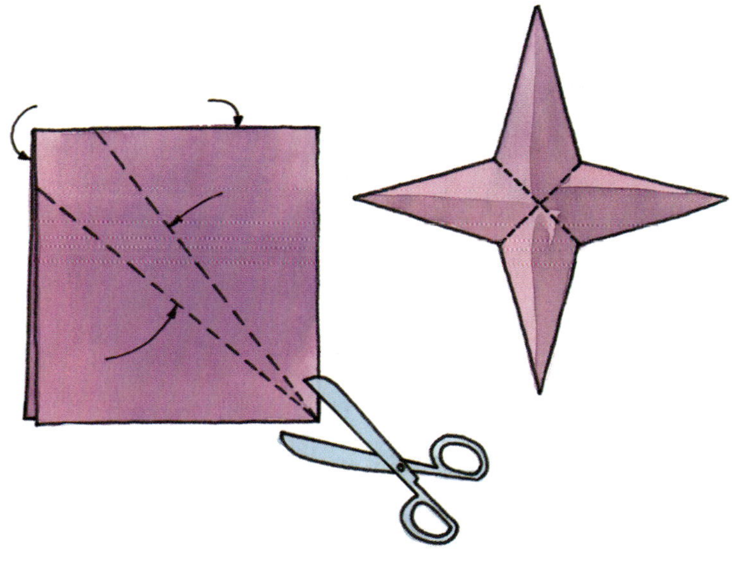

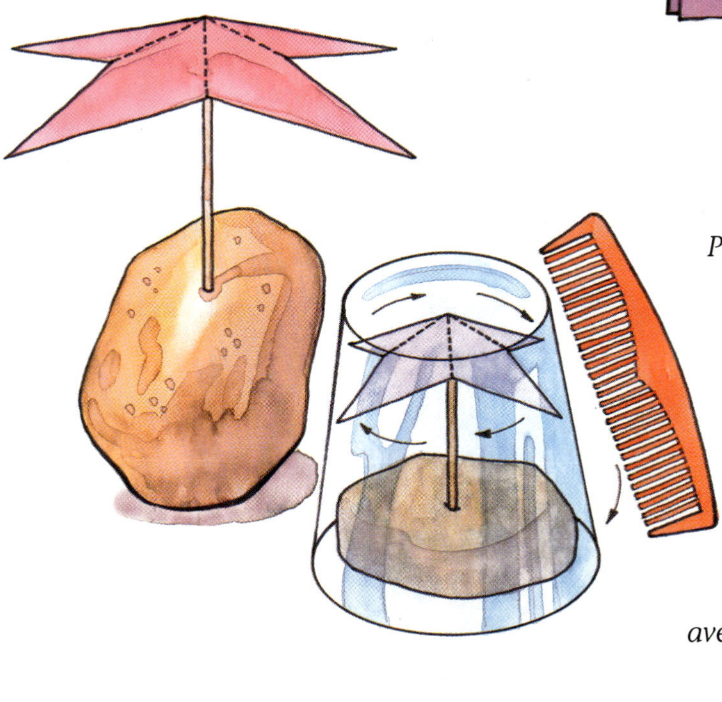

Place l'étoile en équilibre sur la pointe du cure-dents.

Peigne-toi plusieurs fois et décris un cercle dans l'air avec le peigne autour de l'étoile. Ne touche pas l'étoile : elle se mettra à tourner toute seule.

Si tu veux démontrer que tu ne touches pas l'étoile devant un public, couvre-la avec un verre. Elle bougera de la même façon.

JOUE AVEC LES PILES

Matériels et instruments

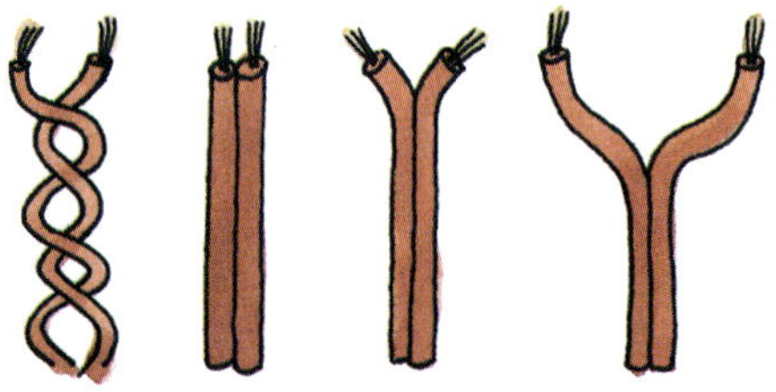

- Un fil électrique
- Une pile plate
- Des petites ampoules pour torche électrique de 3,5 volts
- Des fils électriques

Le fil électrique peut être constitué de deux conducteurs séparés ou bien unis. Dans ce cas, sépare les deux fils en coupant entre les deux.
Avant de les relier, enlève la gaine de protection.

La pile

La force d'une pile se mesure en volts. Achète une pile plate de 4,5 volts, comme celle que tu vois sur l'illustration.

Pourquoi faut-il dénuder les fils ?

Pour les expériences illustrées dans les pages suivantes, tu as besoin de fil électrique, qui est recouvert par une gaine en plastique. Un fil de cuivre se trouve à l'intérieur, parce que l'électricité se déplace avec une grande facilité dans ce métal. Les objets dans lesquels l'électricité peut se déplacer rapidement s'appellent des **conducteurs**.
Avant de relier un fil, tu dois en dénuder l'extrémité, car l'électricité ne passe pas à travers la gaine, appelée **isolant**. Beaucoup de matériaux sont isolants : le ruban adhésif, la matière plastique, le caoutchouc, le carton.

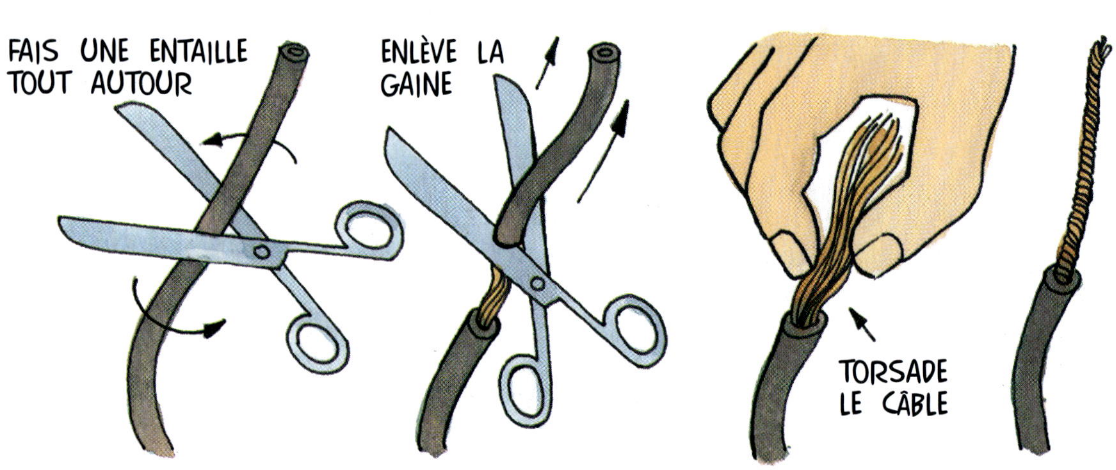

Fais une entaille tout autour et enlève la gaine des fils. Avant de relier deux fils électriques entre eux, enlève environ 3 cm de gaine aux extrémités. Fais attention de couper seulement la gaine et pas le fil. Si le conducteur est formé de fils de cuivre minces, torsade-les pour obtenir une extrémité rigide et compacte.

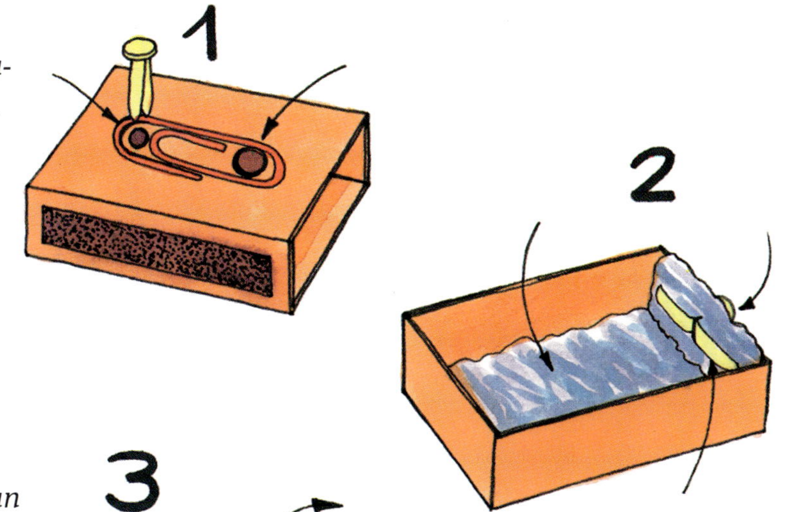

1 *Perce deux trous dans le couvercle d'une boîte d'allumettes. Pose un trombone sur la boîte et enfile une attache parisienne dans l'un des trous, en écartant soigneusement les languettes à l'intérieur de la boîte pour bloquer le trombone.*

2 *Recouvre le fond ainsi qu'un côté du tiroir avec de l'aluminium. Enfile une attache parisienne sur le côté et écarte les deux languettes à l'intérieur.*

3 *Reconstitue la boîte. Visse une petite lampe pour torche de 3,5 volts à travers le trombone dans l'autre trou. La partie inférieure de la lampe doit toucher l'aluminium posé à l'intérieur de la boîte.*

4 *Enroule l'extrémité d'un morceau de fil autour de l'attache du couvercle de la boîte. Enroule un autre morceau de fil autour de l'attache qui se trouve sur le côté du tiroir.*

5 *Relie les extrémités des deux fils aux bornes de la pile et la petite lampe s'allumera.*

Comment est faite une ampoule ?

■ *À l'intérieur de l'ampoule de verre, on voit un filament métallique fin. Ce fil est fabriqué dans un métal qui ne laisse pas passer facilement l'électricité. Comme l'électricité rencontre une forte résistance, le fil devient chaud, toujours plus chaud, d'abord rouge et puis blanc ; il diffuse alors une lumière blanche.*
Ce phénomène se produit à très grande vitesse chaque fois que tu appuies sur l'interrupteur pour allumer l'ampoule.
Si le fil qui se trouve à l'intérieur est trop fin par rapport à la quantité de courant que peut supporter par le filament qui le traverse, il devient si chaud qu'il fond. C'est pourquoi tu dois utiliser une petite ampoule de 2,5 ou au maximum 3,5 volts avec une pile de 4,5 volts dans les expériences proposées.

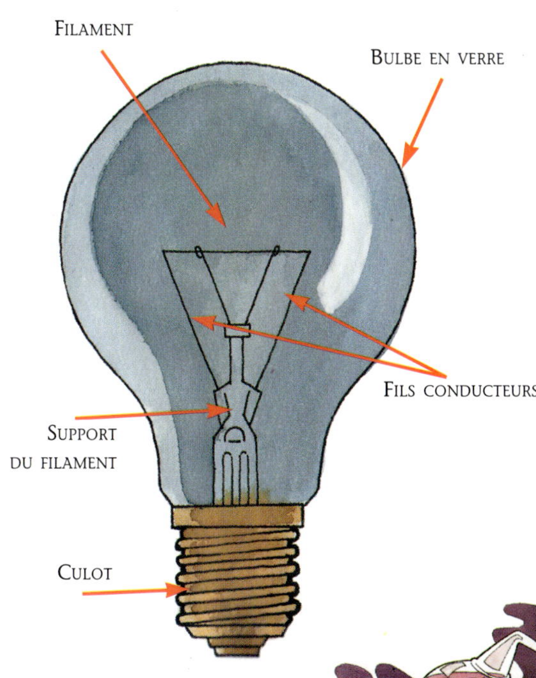

Construis un électroaimant

Les premières génératrices ont été découvertes par les Grecs de l'Antiquité. Ils se rendirent compte que certaines roches, dans les alentours de la ville de Magnésie (d'où le nom de "magnéto" donnée à certaines génératrices), en Asie Mineure, avaient la propriété d'attirer de petits morceaux de fer.
Ces roches étaient un minerai de fer, qui fut baptisé "magnétite" du nom de la ville près de laquelle il fut découvert.
La magnétite est connue être un aimant naturel.
Aujourd'hui les génératrices sont faites en acier ou en alliage de métaux.
La découverte des propriétés du minerai de fer magnétisé est à l'origine de la boussole. Cet instrument est décrit pour la première fois dans un livre chinois de 83 ap. J.-C., comme une petite cuillère obtenue à partir de la magnétite. On ne sait pas quand la découverte suscita l'invention, mais celle-ci eut lieu en Chine, où furent utilisées des boussoles à aiguilles, dès IXe siècle, alors que l'instrument n'existait pas encore en Europe.

Électroaimant. Il est formé d'un support qui se magnétise quand le courant électrique circule dans une bobine qui l'entoure.
Lorsqu'il est de petite dimension, il sert à actionner des sonnettes électriques, des relais téléphoniques, etc. De grands électroaimants sont utilisés pour soulever des matériaux ferreux.

Matériel. *Une pile, un fil de cuivre, une vis ou un clou, des épingles et des petits clous.*

1 Enroule un fil de cuivre plusieurs fois autour de la vis ou du clou en serrant tout particulièrement les enroulements.

2 Entoure maintenant un autre fil dans le sens contraire en serrant toujours les enroulements.
Une fois arrivé à la fin, recouvre l'ensemble avec du ruban adhésif.

3 Relie l'un des fils à la bascule de l'interrupteur, l'autre à un pôle de la pile.
Relie le deuxième pôle de la pile à l'interrupteur par l'intermédiaire d'un fil.
Quand tu appuies sur l'interrupteur, la vis est aimantée : elle attire les épingles ou les petits clous. Quand tu lâches l'interrupteur, les épingles et les petits clous tombent.

QUI A LA MAIN LA PLUS SÛRE ?

Peux-tu faire passer la boucle tout le long du fil ondulé sans allumer la petite lampe ? Plus le fil aura de courbes, plus le jeu sera difficile.

1 Prends un fil de fer zingué (utilisé pour tendre des grillages) et tords-le en plusieurs endroits.

2 Fixe ce fil ondulé sur le couvercle d'une boîte.

3 Relie une extrémité du fil ondulé au pôle d'une pile avec un fil électrique.

4 Fais un trou dans le couvercle de la boîte, enfile le culot de l'ampoule et fixe la douille sur le revers du couvercle avec du ruban adhésif (voir page 23).

5 Relie l'autre extrémité du fil ondulé à une borne de la douille avec un fil électrique.

6 Relie l'autre borne de la douille au deuxième pôle de la pile.

7 Place la pile et les fils dans la boîte. Ferme le couvercle.

Raccorde l'extrémité libre du fil avec la boucle au fil qui sort du trou se trouvant sur le couvercle de la boîte.

Benjamin Franklin

Écrivain, savant, politicien, éditeur et journaliste américain, il vécut de 1706 à 1790.
En 1776, il participa à la rédaction de la Déclaration d'indépendance *des colonies anglaises (les futurs États-Unis) situées en Amérique du Nord. Il étudia les phénomènes électriques. Il se servit d'un cerf-volant pour recueillir les décharges électriques atmosphériques. Les expériences qu'il effectua lui donnèrent l'idée du paratonnerre, qu'il réalisa en 1753. Il inventa les verres de lunettes à double foyer et le calorifère connu sous son nom.*

Le quiz lumineux

De quoi as-tu besoin ? *Un petit carton, un support de lampe (voir page 23), deux crayons, des trombones, une feuille d'aluminium ménager, du fil électrique, du ruban adhésif.*

1 Écris tes questions dans la partie gauche du petit carton située : huit, dix... Dans la partie droite, marque les réponses. Bien sûr, l'ordre des réponses est mélangé, de façon que la réponse ne se trouve pas en face de la question.

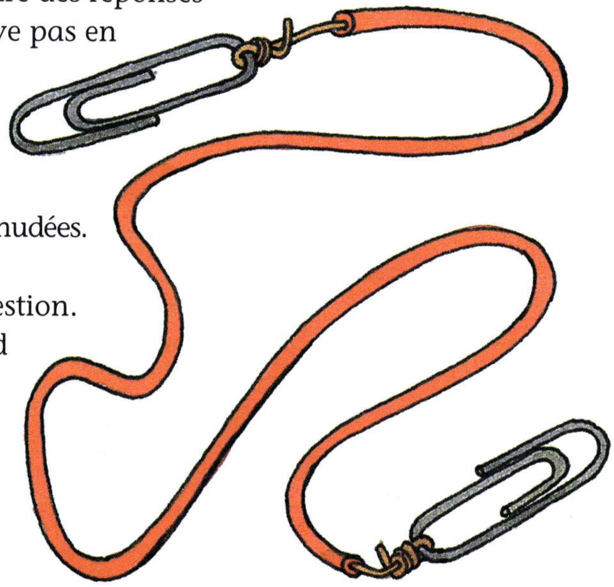

2 Relie les trombones deux par deux avec du fil électrique.
N'oublie pas que les extrémités du fil doivent être dénudées.

3 Fixe un trombone sur le carton à côté d'une question. En passant le fil sur l'envers, fixe le second trombone à côté de la réponse correcte.
Par exemple, fixe le premier trombone près de la question 1 *(L'Ienisseï...)*, et l'extrémité opposée près de la réponse 4 *(la Sibérie)*.
Relie toutes les questions avec les réponses correctes.

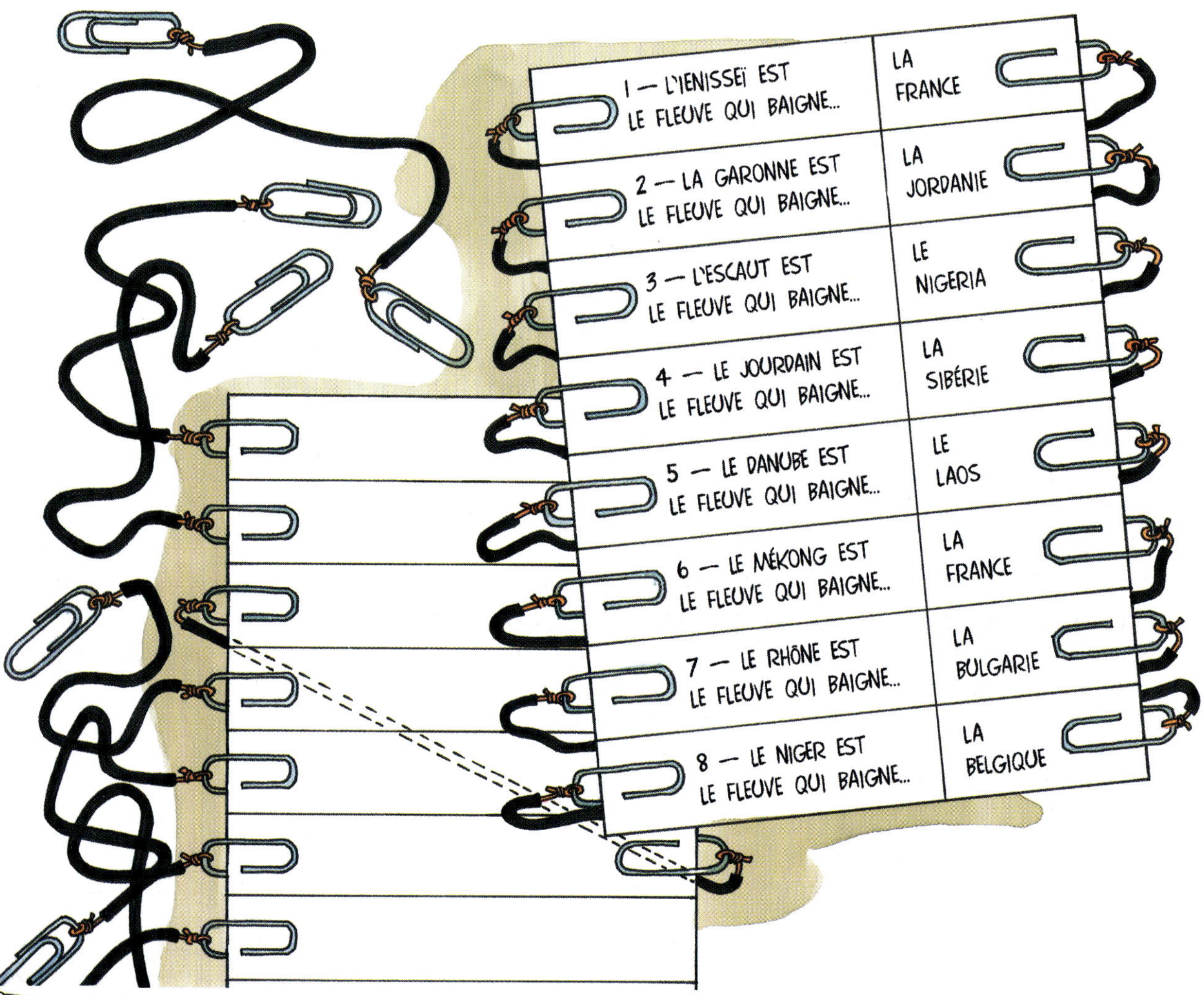

4 Entoure étroitement deux crayons de papier d'aluminium ménager. Avant de fermer, insère un fil électrique dénudé dans chacun d'eux.
Pour finir, recouvre de ruban adhésif.

5 Prépare une lampe comme expliqué page 23, sans le trombone sur le couvercle. Raccorde le fil électrique qui sort d'un crayon avec l'un des pôles de la douille. Raccorde le deuxième crayon à l'autre pôle.

6 **Pour jouer, appuie la pointe d'un crayon sur le trombone fixé près d'une question et l'autre sur le trombone fixé près d'une réponse. Si la réponse est exacte, la petite lampe s'allumera.**

Prépare une série de cartons avec différentes questions : le jeu sera amusant et il durera longtemps.

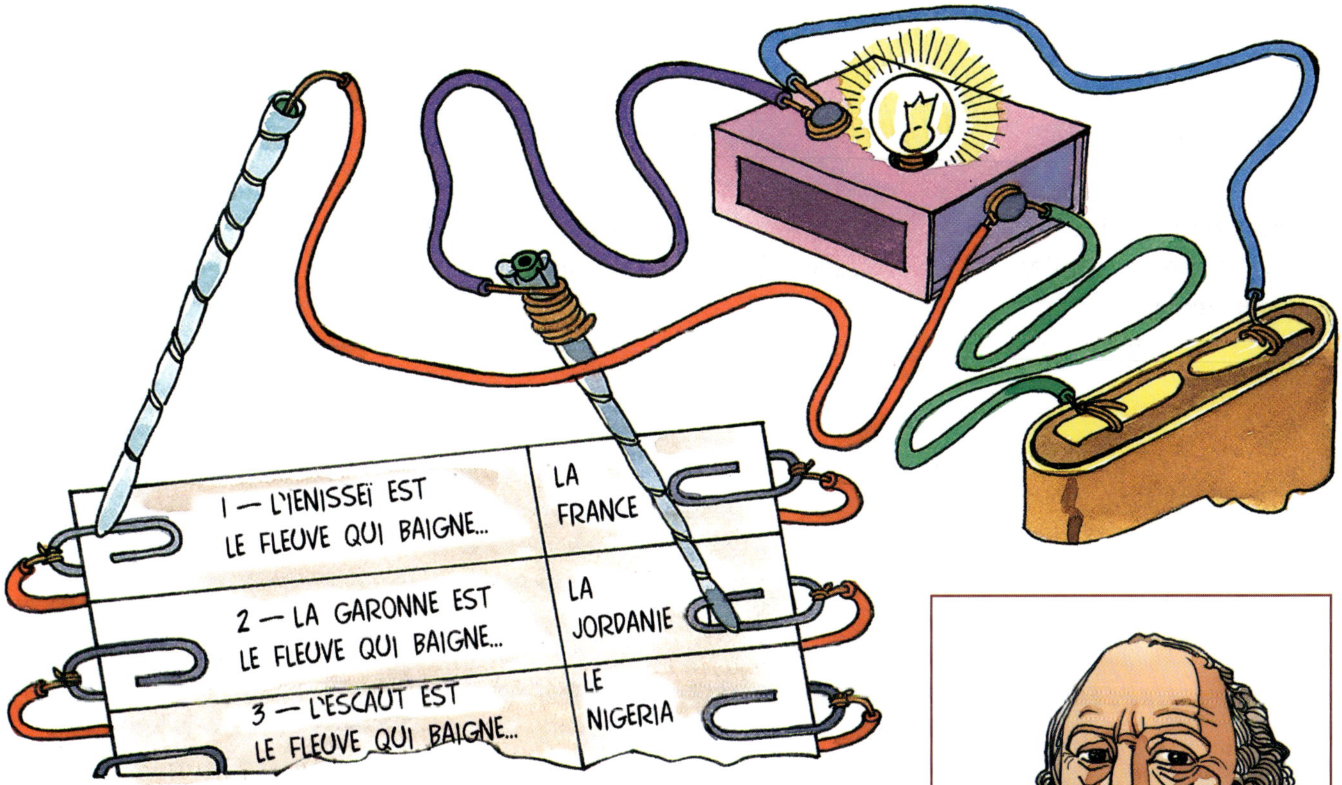

Alessandro Volta

Physicien italien (1745-1827). Il se passionna pour les sciences naturelles en commençant, alors qu'il était encore jeune, des expériences sur la mystérieuse ***vis electrica*** *(en latin, cela signifie force électrique), à laquelle il consacra toute son énergie. Il découvrit les "gaz des marais" (méthane) ; il sut définir d'une façon correcte les phénomènes électriques.*
En 1790, l'abbé Louis Galvani démontra qu'en mettant en contact les nerfs lombaires et les muscles de la jambe d'une grenouille avec un petit arc métallique, on observait des contractions spontanées ; il émit l'hypothèse d'une électricité d'origine animale.
La controverse célèbre qui surgit entre les deux savants amena Volta à l'invention de la pile électrique, après des recherches longues et poussées (1800).
L'invention ouvrit la voie à l'utilisation pratique de l'électricité. L'éclairage, le chauffage, les télécommunications ne sont que quelques exemples de ses très nombreuses applications.

Les plantes qui mangent

Tout ce qui est vivant a besoin d'une fourniture continuelle d'énergie pour penser, bouger, réagir aux stimulations du monde extérieur.

Les racines d'une plante ont deux tâches fondamentales : fixer la plante au sol, absorber l'eau et les sels minéraux contenus dans la terre.
Observe-les avec une loupe. Dans sa partie supérieure, chacune a de très fines et très nombreuses ramifications qui absorbent l'eau de la terre.

Pourquoi les orties piquent-elles ?

Certains types d'orties possèdent sur leurs feuilles des poils effilés qui se terminent par une pointe siliceuse mince semblable au verre.
Si l'on touche la feuille, les pointes se cassent comme du verre et injectent un liquide piquant dans la peau. C'est un moyen de défense de la plante pour éviter d'être mangée par les animaux.
À partir des tiges d'orties, on obtient des fibres textiles analogues à celles du chanvre et du lin.
Les jeunes pousses, cuites, sont utilisées pour faire de délicieuses soupes.

Comment les racines portent-elles de l'eau aux feuilles ?

Pour observer comment les racines conduisent de l'eau vers les feuilles, immerge une côte de céleri dans un demi-verre d'eau teintée en rouge avec une cuillerée de colorant pour aliments.
Après 15 mn, enlève la peau du céleri.
Quelles parties de la côte sont les plus colorées ?
On utilise les pieds de céleri, bien que ce soient des tiges et pas des racines, parce qu'ils permettent d'observer plus facilement le phénomène.

Les longs filaments qui portent l'eau s'appellent des xylèmes : ce sont des cellules creuses qui forment un conduit allant des racines aux feuilles.
Regarde où se trouve le xylème dans le céleri en sectionnant un pied. Répète l'opération en utilisant deux pieds de céleri, l'un ayant beaucoup de feuilles et l'autre en étant privé.
Dans laquelle des deux côtes l'eau arrive-t-elle d'abord au sommet ?

Expose un pied de céleri au soleil et mets l'autre dans un sachet de plastique. Dans lequel des deux l'eau monte-t-elle plus rapidement ?
La vitesse à laquelle l'eau monte dans les plantes est proportionnelle à la vitesse avec laquelle l'eau s'évapore des feuilles.
Lorsque tu auras terminé l'expérience, coupe le céleri en morceaux de 4-5 cm et assaisonne-le avec du sel et de l'huile. Tu mangeras une bonne salade.

Les racines d'un arbre peuvent arriver jusqu'à 120 m de profondeur ou se développer sur plus de 620 km.

Épinards à l'eau ou au lait

Souvent, les enfants n'aiment pas les épinards. Lorsqu'ils sont cuits, ils ressemblent à une bouillie verte, molle et filandreuse, qui coupe l'appétit. Les gaz contenus dans les cellules sont expulsés dans l'eau bouillante et le vert intense pâlit.
Si les épinards sont cuits dans du lait, en revanche, ils conservent leur couleur.
Verse une tasse de lait dans une casserole et une tasse d'eau dans une autre casserole. Fais chauffer les deux liquides sur une flamme douce.
Quand l'ébullition commence, plonge quelques feuilles d'épinard dans chacune des casseroles.
Maintiens à feu doux pour que le lait et l'eau frémissent. Laisse cuire pendant 4-5 mn, puis coupe la flamme et laisse reposer le légume dans le liquide chaud pendant quelques minutes.
Mets les épinards dans une assiette blanche avec l'écumoire, de façon à pouvoir comparer la couleur des épinards cuits dans les deux liquides avec celle des épinards crus.

Attends que l'herbe ait poussé...

On raconte qu'un pauvre paysan traînait un vieux cheval sur une route ensoleillée et sans trace d'herbe. Le pauvre animal cherchait inutilement quelques touffes et il marchait avec peine, dévoré par la faim. L'homme l'encourageait en lui disant : "Hue ! attends que l'herbe ait poussé et tu verras que ta faim sera passée." Le proverbe invite les personnes à se résigner dans l'attente de moments plus favorables, mais lointains et incertains.

Carl von Linné

Carl von Linné, en latin Carolus Linnaeus, est un naturaliste et un médecin suédois qui a vécu de 1707 à 1778.
Son œuvre fondamentale reste le ***Systema naturae****, dans lequel il énumère, décrit et classe plus de 7 700 espèces de plantes et environ 4 400 animaux. Il considérait que les espèces végétales et animales avaient été créées une fois pour toutes et qu'elles restaient fixes et immuables au cours du temps. ("Species tot sunt, quot ab initio creavit supremum Ens ; varietatis lievissimas non curat botanicus" : il y a autant d'espèces existantes que celles qui furent créées au début par l'Être suprême, le botaniste ne se préoccupe pas des petites variétés.)*
Malgré les limites de sa proposition, que la théorie de l'évolution a contredite, l'œuvre reste fondamentale. Il a défini une méthode systématique en introduisant dans l'étude une classification hiérarchique en classes, ordres, genres et espèces. Pour désigner chaque être vivant, il adopta une nomenclature constituée de deux noms latins correspondant au genre et à l'espèce.

La carotte

La grosse betterave rouge, les carottes et les navets sont des racines qui possèdent une grande résistance et beaucoup d'énergie, et qui peuvent se conserver longtemps.
Quand ta maman nettoie les carottes pour les faire bouillir, demande-lui de garder le sommet en le coupant avec le couteau de façon à lui laisser aussi une petite tranche de chair.
Dépose les sommets dans une soucoupe avec un tout petit peu d'eau ou dans un plat creux qui contient une couche de coton hydrophile imbibé d'eau.
Garde la soucoupe dans une zone de l'appartement lumineuse et chaude.
Tu verras comme les feuilles pousseront rapidement et tu obtiendras une composition luxuriante de couleur verte.

La patate américaine, la patate douce, la batata

La patate américaine ne fait pas partie de la famille des pommes de terre, c'est une plante herbacée de la famille des convolvulacées. Son nom scientifique est Batatas edulis. *Elle fut introduite de l'Amérique centrale en Espagne au début du XVIe siècle par Christophe Colomb, et il semble qu'elle ait été cultivée à partir de 1880.*

1 Plonge la patate douce dans un récipient plein d'eau et laisse-la une nuit entière.

2 Enferme-la dans un sachet en plastique quand elle est encore mouillée.

3 Garde-la dans l'obscurité complète. Après une semaine, elle émettra ses premières racines et ses premiers bourgeons rosés.

4 Enlève-la du sachet et mets-la dans un vase plein d'eau en ne l'immergeant qu'à moitié.

Évite que les pousses ne s'allongent trop en restant dépourvues de feuilles. Coupe plusieurs fois les pousses, ce qui les obligera à développer un feuillage touffu.

Les graines de céréales et légumes secs

Les hommes de la préhistoire, qui n'arrivaient pas toujours à attraper des ours ou des mammouths, apaisaient leur faim avec des bourgeons, des racines et des baies.

Nous aussi, nous avons découvert la valeur nutritive des graines après des siècles de poulet rôti et de bifteck saignants : le cresson, l'orge, le soja, le blé, le tournesol, la lentille, le haricot, la luzerne, les haricots secs, les pois chiches, les fèves contiennent des vitamines C, D, E, K, etc.

On dit que les légionnaires romains, il y a 2 000 ans, portaient à la taille un sachet plein de graines. Avec la chaleur et la transpiration du corps, les graines germaient et offraient aux soldats la possibilité d'améliorer leur ordinaire grâce à des aliments peu encombrants et riches en vitamines.

Une salade de vitamines

1 Achète des lentilles "bio" : évite celles qui ont été traitées avec des produits chimiques.

2 Lave-les bien et laisse-les tremper dans un bol d'eau pendant toute la nuit. L'amidon présent dans les graines absorbe l'eau et les fait gonfler.

3 Le matin suivant, égoutte les légumes et sème-les dans un plat creux, sur une couche de coton hydrophile. Garde le récipient dans la pénombre.

4 Pour germer, elles doivent être maintenues humides mais pas mouillées. Rince-les matin et soir avec de l'eau fraîche, minérale non gazeuse ou bien de l'eau de pluie.

5 Dès le premier jour, les graines gonflent. Les premiers germes apparaissent après 48 h.
Au bout d'une semaine de croissance, elles sont prêtes à être consommées : elles offrent un plat frais et énergétique.
C'est une véritable salade de vitamines.

*Les pousses sont meilleures quand elles commencent à se colorer en vert.
Par la suite, la cellulose augmente, ce qui les rend moins digestes.
Si tu veux les manger, n'attends pas qu'elles deviennent une vraie plante.*

Le pop-corn

Toutes les graines, si sèches qu'elles puissent paraître, contiennent une quantité minimale d'eau qui garde les cellules vivantes jusqu'à ce qu'elles trouvent des conditions favorables à la germination.

Si tu réchauffes rapidement un grain de maïs, l'eau qui se trouve à l'intérieur du grain se transforme en gaz qui fait éclater l'enveloppe dont le contenu saute à l'extérieur.

Que constates-tu si tu chauffes les grains dans le four ?

Préchauffe le four à 90 °C. Compte le nombre de grains de maïs frais contenus dans une tasse. Éparpille-les en une seule couche dans le plat et mets-le dans le four pendant 1 h 30.

Prend le même nombre de grains de maïs frais. Verse un peu d'huile dans une casserole. Réchauffe l'huile sur la flamme vive jusqu'à ce qu'elle commence à fumer. Ajoute le maïs. Les grains doivent former une seule couche sur le fond de la casserole. Couvre avec un couvercle et agite la casserole sur une flamme réduite tant que dure le crépitement des grains. Enlève-la du feu.

Compte le nombre de grains qui n'ont pas éclaté. Avec un double décimètre, mesure le côté le plus grand de chaque grain. Note toutes les dimensions et calcule la moyenne.

Après une heure et demie, enlève le maïs mis dans le four. Quand il sera refroidi, répète les mesures et compare-les avec les mesures précédentes.

Hippocrate

Il est considéré comme le plus illustre représentant de la science médicale de l'Antiquité. Il naquit à Cos, une île de la mer Égée, et vécut entre 460 et 377 avant J.-C. environ.

Il éleva la médecine au rang de science rationnelle en contestant la médecine magico-superstitieuse de son époque. C'est le malade qui doit être soigné, affirmait Hippocrate, et pas la maladie. Il faut pour cela tenir compte de tous les facteurs géographiques, climatiques, hygiéniques, sociaux et psychologiques qui influent sur le malade lui-même. Il donna à ses théories, recueillies dans une collection imposante d'ouvrages médicaux – le Corpus Hippocraticum –, un caractère "ouvert", problématique, non dogmatique. Son intervention à Athènes pour dompter la grande peste de 429 avant J.-C. est légendaire. Son serment est à la base de celui que prêtent encore les médecins d'aujourd'hui.

Les pommes de terre mystérieuses

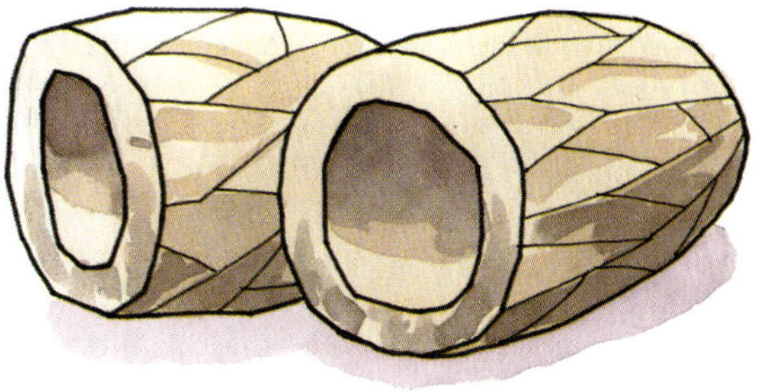

1 *Épluche une grosse pomme de terre et coupe-la en deux. Fais bouillir l'une des moitiés dans l'eau pendant quelques minutes.*

2 *Creuse l'intérieur des deux demi-pommes de terre avec un couteau en laissant une bonne épaisseur. Tu obtiens deux récipients en pomme de terre.*

3 *Remplis deux verres d'eau. Enfile une aiguille à tricoter à travers la pomme de terre bouillie et plonge-la dans un verre de telle sorte que la partie inférieure soit immergée. Répète l'opération avec la crue.*

4 *Ajoute une demi-cuillerée de sucre dans chaque pomme de terre et laisse reposer pendant quelques heures. Qu'observes-tu ?*

L'une des pommes de terre est presque pleine de liquide, tandis que l'autre est vide. Laquelle des deux est pleine ?

L'eau qui se trouve dans le verre où la pomme de terre crue est immergée a traversé la paroi. La pomme de terre crue est vivante, et ses cellules laissent passer l'eau. L'eau ne peut pas pénétrer à travers la paroi de la pomme de terre bouillie : ses cellules ont été détruites par l'eau bouillante.

Quelle est la différence entre un bulbe, un rhizome et un tubercule ?

Pour faire pousser une plante, au lieu de planter des graines, on peut planter un bulbe, un rhizome ou un tubercule. Ce sont des tiges de la vieille plante qui contiennent les substances nutritives nécessaires pour faire pousser une nouvelle plante.

*Le **bulbe** est un gros bourgeon souterrain formé par une tige courte entourée de feuilles en forme d'écailles. Un exemple : l'oignon.*

*Le **rhizome** est une tige qui pousse horizontalement dans le sol et qui ressemble à une racine. Les griffes de muguet, les pieds d'iris sont des rhizomes.*

*Le **tubercule** est une tige souterraine qui a grossi du fait de l'accumulation d'éléments nutritifs. L'exemple le plus commun est la pomme de terre.*

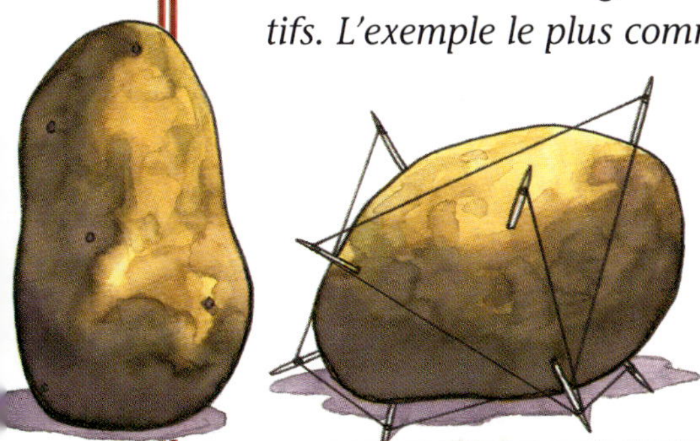

***Observe la surface d'une pomme de terre** et tu y verras des cavités. On les appelle les "yeux" de la pomme de terre. Compte-les. Place un cure-dents dans chacun d'eux. Attache un fil de coton au bout des cure-dents et déroule le fil. Il prend la forme d'une spirale. Laisse une pomme de terre au soleil pendant quelques jours. Qu'est-ce qui arrive à la peau ? Petit à petit elle devient verte. Pourquoi ?*

La bombe haricot

Les plus petites plantes possèdent parfois une force incroyable.
Remplis un bocal de haricots secs.
Couvre-les avec de l'eau et ferme le bocal avec un bouchon en liège.
Mets le bocal debout dans un sac en papier et laisse-le dans un endroit chaud pendant 45 jours.
Sors-le prudemment du sac.
Qu'est-ce qui est arrivé au bouchon ?
Les haricots plongés dans l'eau ont gonflé et ils ont commencé leur processus de germination. Ils ont développé des bourgeons et des racines qui les ont rendus plus gros, à tel point qu'ils ont exercé une forte poussée contre les parois du bocal et contre le bouchon ; celui-ci, qui contrairement au verre n'est pas résistant, a été expulsé.
Les haricots arrivent même à briser les roches.

Claude Galien

L'Ars medica *et le* Methodus medendi *furent les textes fondamentaux de l'enseignement de l'art médical du Moyen Âge jusqu'à la Renaissance. L'auteur, Claude Galien (Pergame vers 129 – Rome 201), fut l'un des plus grands théoriciens de la médecine de tous les temps.*
Il possédait de prodigieuses connaissances biologiques, surtout en anatomie, qui lui venaient aussi du fait qu'il avait été chirurgien des gladiateurs.
Il expliqua le fonctionnement du corps humain en se basant sur la doctrine d'Hippocrate des quatre humeurs, liées aux quatre qualités : chaud, humide, froid et sec, et aux quatre éléments : le feu, l'air, l'eau et la terre. Pour lui, le fonctionnement du corps est aussi influencé par les quatre saisons et par l'âge.
Même si sa pensée fut profondément conditionnée par la philosophie et par une conception théologique, il redonna une pleine dignité scientifique et culturelle à la profession de médecin.

*Où finit l'eau de pluie ?
Est-ce qu'il vaut mieux courir ou marcher sous la pluie ? Comment une pierre fait-elle pour faire des ricochets sur l'eau ?
Pourquoi les doigts restent-ils collés au bac à glaçons ?*

EXPÉRIENCES AVEC L'EAU

L'eau recouvre 73 % de la surface de la Terre et constitue 60 % du corps humain ; elle est indispensable à la vie. Quelles sont ses caractéristiques ? À quelle température bout-elle ? Pourquoi gèle-t-elle ? Où va-t-elle quand elle s'évapore ?

LA PARESSE DE L'EAU

Remplis un cube de papier avec de l'eau et mets-le sur la flamme du brûleur de la cuisinière. Le papier brûle-t-il ?
Pour que le papier brûle, il faut d'abord que toute l'eau s'évapore. Tu aurais tout le temps de faire cuire un œuf dans la casserole en papier.
Tu peux construire le cube en pliant le papier.
Nous t'expliquons comment faire avec l'art traditionnel japonais du papier plié : l'origami.

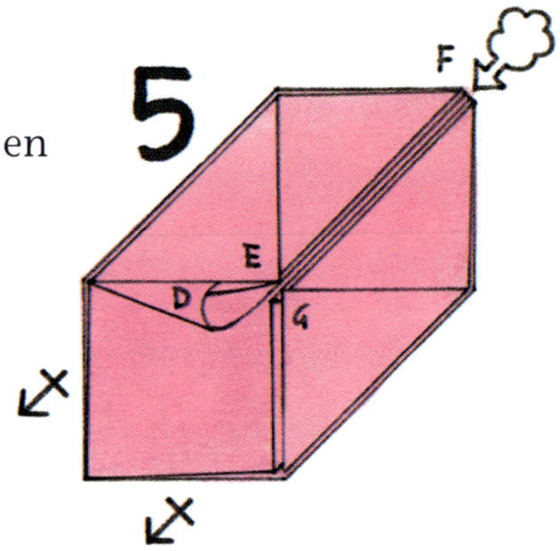

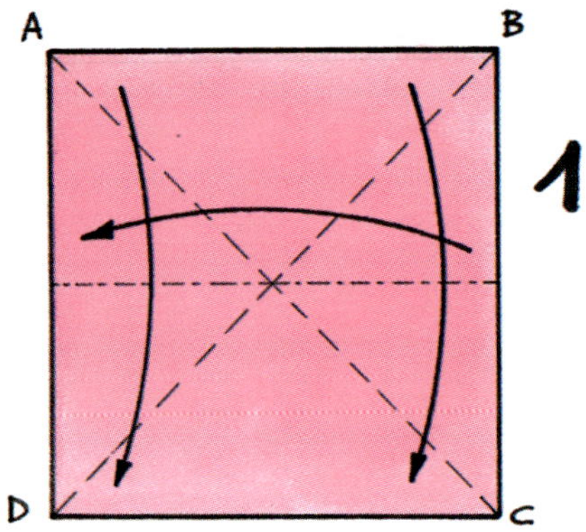

Découpe une feuille de papier carrée et plie-la comme indiqué en 1.

En 5, pour obtenir le cube, souffle de toutes tes forces dans le papier avec la bouche.

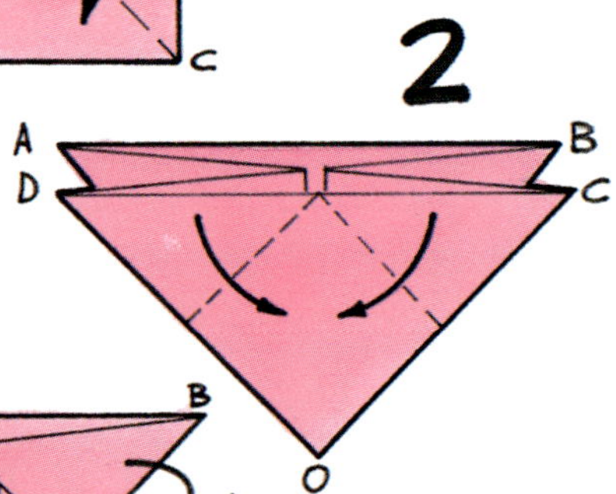

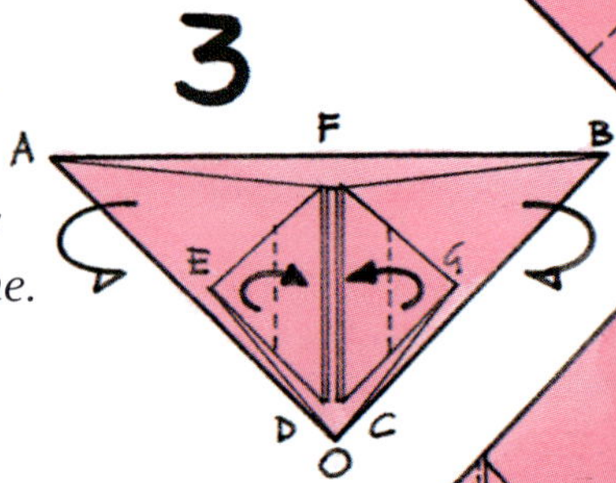

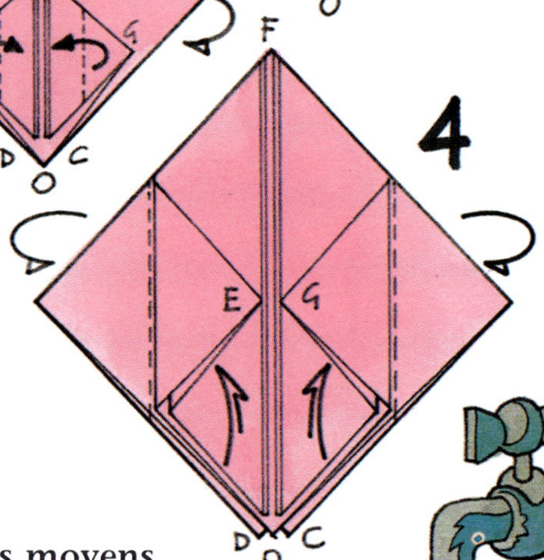

Pourquoi l'eau est-elle l'un des moyens les plus efficaces pour éteindre le feu ?

- Parce qu'elle absorbe une grande quantité de la chaleur de l'objet qui brûle et que, de cette façon, elle le refroidit notablement.
- La vapeur qui se crée quand l'eau bout entoure complètement l'objet en flammes, en interrompant l'afflux d'oxygène. Or rien ne peut brûler en l'absence d'oxygène.

Les rhabdomanciens ou sorciers

L'eau se trouve partout : dans le corps humain, dans les aliments dont nous nous nourrissons, dans le sous-sol, dans les nuages.
Elle est solide dans les calottes polaires, dans les glaciers ou dans les névés, et sous forme de vapeur dans l'atmosphère.
La rhabdomancie est la faculté qu'auraient certaines personnes, dotées d'une sensibilité particulière, de localiser des sources d'eau ou des gisements, grâce aux vibrations ou aux mouvements d'une baguette.
En grec, "rabdos" signifie bâton, "mantéia" divination.

Chaud ou froid ?

Nous savons distinguer quand une chose est plus chaude qu'une autre, mais pouvons-nous nous fier à nos sens ?

Plonge la main droite dans de l'eau glacée et immerge en même temps la main gauche dans de l'eau chaude.

Après une minute, plonge les deux mains dans de l'eau tiède.
Comme par enchantement, la main qui était dans l'eau glacée semble chaude, tandis que l'autre main donne l'impression d'être tout à fait froide.

Léonard de Vinci

Peintre, sculpteur, architecte et savant italien, né à Vinci (Florence) en 1452 et mort au Clos-Lucé (France) en 1519.
Il étudia les systèmes de canaux navigables et de fortifications, il fit des recherches d'anatomie et de physiologie, et il peignit (entre autre) La Joconde et La Cène. Dans ses manuscrits scientifiques, on trouve des dessins sur le vol des oiseaux, des études sur le phénomène des marées, sur les volcans et sur de nombreuses machines imaginaires qui trouveront leur application bien des siècles plus tard... L'union de l'art, de la science et de la technique constitue l'aspect le plus significatif de l'œuvre de Léonard, le précurseur de toutes les sciences modernes. "L'expérience, *affirma-t-il,* constitue la base de la science, mais elle n'est pas suffisante en elle-même et elle demande à être lue dans le langage de notre raison, qui trouve sa formulation la plus rigoureuse dans les mathématiques."

MARCHER SUR L'EAU

La surface de l'eau est comme une membrane mince et elle peut soutenir des objets qui ne sont pas trop lourds.

Certains insectes patinent sur la surface des étangs ; pourquoi ne coulent-ils pas ?
Les pattes de ces insectes sont recouvertes d'une substance huileuse ; elles ne peuvent donc être mouillées. Les plumes des oiseaux aquatiques sont aussi recouvertes d'une substance huileuse émise par des glandes ; c'est pourquoi l'eau ne les mouille.

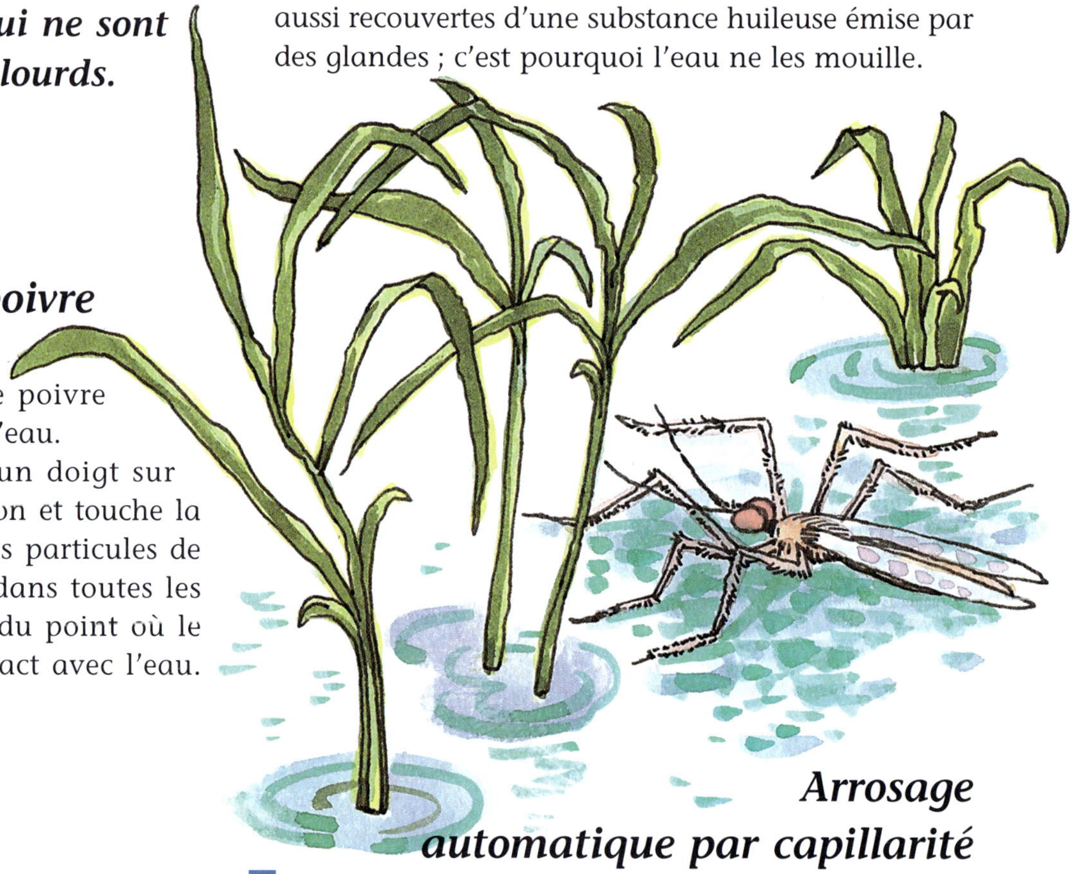

Eau et poivre

■ Verse un peu de poivre sur un verre plein d'eau. Frotte la pointe d'un doigt sur un morceau de savon et touche la surface de l'eau. Les particules de poivre s'éloignent dans toutes les directions à partir du point où le doigt entre en contact avec l'eau. Pourquoi ?

Arrosage automatique par capillarité

■ Pose une épaisse couche de coton hydrophile sur une assiette et éparpille dessus des graines d'herbe. Remplis un vase d'eau et place-le près de l'assiette, mais en contrebas. Coupe un morceau de ficelle : pose-en un bout au centre de l'assiette sous le coton et plonge l'autre dans le vase.
L'eau affluera continuellement dans l'assiette à travers la ficelle et après quelques jours les graines commenceront à germer.

Où finit l'eau de pluie ?

Un cinquième de l'eau de pluie va grossir les fleuves, un autre cinquième pénètre dans les nappes phréatiques du sous-sol.
La plus grande partie s'évapore sous l'effet du soleil.
Un hectare de terre où l'on cultive des céréales élimine jusqu'à environ 35 000 l d'eau chaque jour par évaporation.

Ces pierres qui sautent sur l'eau

Si tu lances une pierre plate obliquement sur le sable mouillé, elle fait des ricochets avant de s'arrêter, en laissant les empreintes de ses rebonds.
Le premier rebond est court (quelques dizaines de centimètres), le suivant est long (quelques mètres). La séquence se répète jusqu'à ce que la pierre s'arrête.
Si on lance la pierre sur la surface de l'eau, il semble que les rebonds les plus courts ne se produisent pas.
Pendant la Seconde Guerre mondiale, l'effet de ricochet fut utilisé par les Britanniques pour bombarder les digues allemandes pendant la bataille de l'Eau lourde. La RAF fabriqua une bombe cylindrique d'environ 1,50 m de diamètre, qui était mise en rotation à raison d'environ 500 cycles/minute avant d'être lancée sur la cible. Quand elle touchait l'eau, elle faisait des ricochets comme une pierre jusqu'à venir toucher la digue.

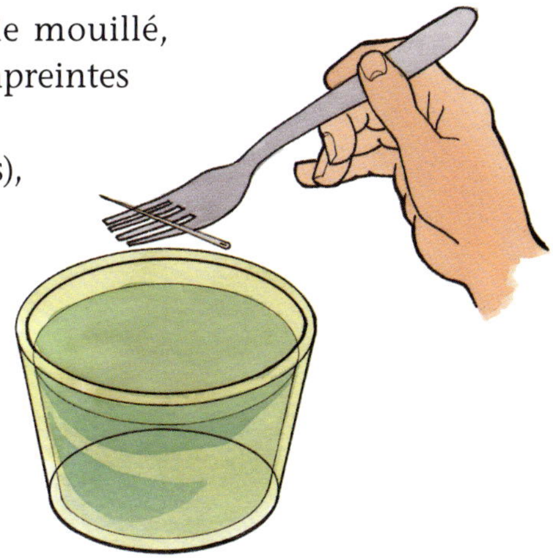

Si tu poses une lame de rasoir ou une aiguille en acier sur la surface de l'eau en faisant un peu attention, elles flottent.
Dans certains laboratoires de recherche, on a pu démontrer que de l'eau pure, sans gaz à l'intérieur et dans un récipient sans fissures, peut soutenir une charge de plus de 350 kg par centimètre carré !

La pièce de monnaie tombera-t-elle dans le verre ?

Quand l'eau s'infiltre dans les fibres du coton, de la ficelle ou du bois, elle les fait gonfler. Voici pourquoi on a du mal à fermer les portes extérieures lorsqu'il fait humide.

*Plie une allumette en **V**, en faisant attention de ne pas la casser.*
Pose-la sur le goulot d'une bouteille.
Prends une pièce de monnaie qui puisse passer dans le goulot de la bouteille et place-la sur l'allumette.
Parie avec tes amis que tu vas faire tomber la pièce dans la bouteille sans toucher aucun des trois objets. Une entreprise apparemment impossible.
Si tu fais tomber quelques gouttes d'eau à l'endroit où l'allumette est cassée, l'eau fait gonfler les fibres du bois : celles qui n'ont pas été complètement cassées se redressent, les allumettes se redressent et la pièce de monnaie tombe dans la bouteille.

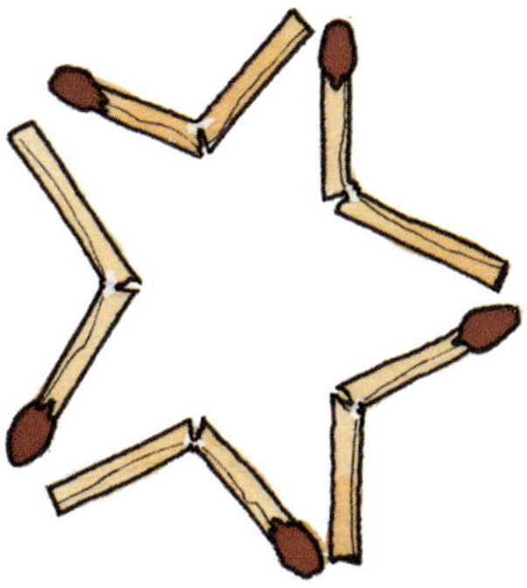

Plie cinq allumettes sans les casser complètement et dispose-les en forme de soleil.
Si tu verses une goutte d'eau sur les jointures, les allumettes s'écartent pour former une étoile.

Coule-t-il ou flotte-t-il ?

Les aliments que les astronautes emportent à bord sont complètement privés d'eau (*lyophilisés*). Ceci permet une énorme économie de poids. L'eau que les astronautes utilisent pour réhydrater la nourriture est toujours la même : de l'urine recyclée.

Quand il pleut, vaut-il mieux courir ou marcher ?

Quand tu dois traverser la rue sans parapluie, vaut-il mieux courir ou marcher ?
Courir signifie passer moins de temps sous la pluie, mais, si tu cours contre la pluie, tu pourrais arriver plus mouillé que tu ne l'aurais été si tu avais marché.
La chose dépend aussi de la façon dont tombe la pluie : verticalement ou à l'oblique ?

Si la pluie tombe vers toi ou de façon verticale, tu dois courir le plus rapidement possible. Si la pluie vient de derrière, tu dois courir à la même vitesse que la pluie, donc bouger en même temps qu'elle.

Plie un morceau de papier aluminium en forme de bateau et mets-le sur l'eau. Est-ce qu'il flotte ou est-ce qu'il coule ? Maintenant, fais une boule avec le même morceau de papier aluminium et mets-la dans la même bassine d'eau. Est-ce qu'elle coule ou est-ce qu'elle flotte ? Lequel pèse le plus lourd, le petit bateau ou la boule en papier aluminium ?

Plonge une chambre à air gonflée dans l'eau et pousse-la avec les bras. Est-ce que tu peux l'immerger facilement, ou bien est-ce qu'il y a une force qui s'oppose à ton action ?

Un corps solide immergé dans un fluide reçoit une poussée verticale dirigée de bas en haut égale au poids du fluide déplacé.

Pose un verre d'eau et un caillou sur le plateau d'une balance et lis le poids total. Puis immerge le caillou dans l'eau du verre.
Qu'est-ce qui arrive ? Est-ce que la balance indique un poids supérieur ou inférieur ?

Prends deux verres identiques. Mets un morceau de bois dans l'un des deux et remplis-les d'eau tous les deux jusqu'au même niveau. Pose-les sur les plateaux d'une balance.
Quel est le verre qui pèse le plus lourd ?

Dans l'exemple du caillou dans le verre, la balance ne bouge pas. Dans le deuxième cas, la balance indique le même poids pour les deux verres. En effet, le morceau de bois qui flotte ou le caillou éliminent par leur partie immergée un volume d'eau dont le poids est exactement égal à leur poids total. Dans le cas du morceau de bois, c'est la partie immergée plus la partie qui émerge. Par conséquent, bien que le verre avec le morceau de bois contienne moins d'eau que l'autre, le poids total du morceau de bois compense exactement la différence.

Archimède

Mathématicien et physicien grec, né et mort à Syracuse, qui vécut entre 287 et 212 avant J.-C.
Il fut tué par un soldat durant le pillage de Syracuse par l'armée romaine. C'est un inventeur célèbre pour ses découvertes de géométrie et ses études sur les corps flottants. Il détermina la surface de la sphère, le rapport entre le volume de la sphère et celui du cylindre, il calcula le diamètre du Soleil.
Il définit une méthode pour exprimer les grands nombres, comme celui des grains de sable nécessaires pour remplir la totalité du globe terrestre. Il jeta les bases de l'hydrostatique scientifique. La rigueur de ses démonstrations devint un modèle pour les fondateurs de la science expérimentale moderne.

Les fontaines et les volcans

Dans le jardin, plante un piquet qui puisse soutenir un tube en caoutchouc relié à un robinet d'eau. Ouvre le robinet : tu obtiens une petite fontaine.

Si tu poses au-dessus du jet d'eau des balles de ping-pong, tu verras qu'elles semblent adhérer au jet et y rester suspendues longtemps tout en tournant sur elles-mêmes, en sautant et en retombant, ce qui crée un jeu très gracieux.

Une fontaine à gravité

Place des pailles dans deux coquilles d'œufs comme indiqué sur le schéma, en les fixant avec de la cire. Perce un petit trou dans la coquille située au-dessous afin que l'eau du récipient pénètre dans le fond. Pose une demi-coquille au-dessus, après l'avoir remplie de gravier pour maintenir l'ensemble en équilibre.

Immerge-la dans un vase rempli d'eau et une merveilleuse fontaine se mettra en mouvement.

Danger !

Si tu touches un morceau de métal froid...

Si tu touches un morceau de métal froid, comme un bac à glaçons à peine sorti du freezer, tes doigts peuvent y rester collés. Tu pourrais arracher la peau qui adhère au métal. Attention ! Il faut que tu fasses courir l'eau dans l'évier et que tu immerges le bac avec ta main dans l'eau.

Ne lèche jamais la glace, car, tu pourrais t'y coller la langue et te blesser en la retirant !

Tout ceci est lié au fait que l'humidité présente à la surface de la peau peut congeler et coller instantanément à l'objet. La congélation est plus probable sur le métal que sur le bois, parce que la conductibilité thermique du métal est plus élevée.

Le volcan

Remplis une petite bouteille d'eau chaude colorée avec de l'encre. Remplis ensuite un bocal en verre avec de l'eau froide et immerge la petite bouteille dans celui-ci.
L'eau chaude colorée contenue dans la petite bouteille est moins dense que l'eau froide qui l'entoure : par conséquent, elle jaillit à l'extérieur comme un volcan en éruption.

Une fontaine en miniature

1 *Perfore un bouchon de liège avec un poinçon et enfile une paille dans le bouchon.*

2 *Insère le bouchon dans le goulot d'une petite bouteille et pousse la paille sur le fond.*

3 *Enlève le bouchon, remplis la bouteille d'eau jusqu'à mi-hauteur et bouche-la de nouveau.*

4 *Plie une serviette, mouille-la et pose-la sur une assiette en mettant la petite bouteille par-dessus.*

5 *Renverse un bocal en verre au-dessus de la flamme d'une bougie. L'air situé à l'intérieur se réchauffe, il se répand et sort en partie.*

6 *Pose le bocal renversé au-dessus de la petite bouteille de façon que le bord repose sur la serviette humide. L'eau contenue dans la petite bouteille jaillit à l'extérieur de la paille comme une petite fontaine. La pression de l'air s'exerce sur la surface de l'eau qui se trouve dans le récipient, car la pression à l'intérieur du bocal en verre est inférieure à celle de la bouteille.*

MIRACLE... !

Certains savent transformer l'eau en vin, beaucoup le vin en eau, mais nous te révélons ici les secrets d'un vrai prodige qui te vaudra un grand succès.

1 *Écrase une pilule laxative dans une soucoupe contenant un peu d'alcool dénaturé et mélange bien. Tu obtiens un liquide incolore qui est un excellent réactif. En effet, la pilule contient de la phénolphtaléine, qui devient rose lorsqu'elle est dissoute dans l'alcool et en contact avec une base (ammoniaque), et qui redevient incolore au contact des acides (vinaigre).*

2 *Remplis à moitié une carafe en verre avec de l'eau.*
Verse la solution concentrée de phénolphtaléine dissoute dans l'alcool dans la carafe d'eau (on dirait de l'eau) et place cinq verres sur la table.

- *Laisse le premier verre vide.*
- *Verse 5 gouttes de solution de carbonate de sodium dans le deuxième.*
- *Verse 5 gouttes de solution d'acide citrique dans le troisième.*
- *Verse 10 gouttes de solution de carbonate de sodium dans le quatrième.*
- *Et encore 5 gouttes d'acide citrique dans le cinquième.*

3

- *Remplis le premier verre avec le liquide de la carafe ; il semble plein d'eau.*
- *Verse la moitié du contenu de ce verre dans la carafe et remplis le deuxième verre avec ce liquide ; il devient rose (plein de vin) comme par enchantement.*
- *Verse maintenant le reste du premier verre et le contenu du second dans la carafe ; le liquide de la carafe devient rose.*

4 *Remplis le premier, le deuxième et le troisième verre avec le liquide contenu dans la carafe ; les deux premiers semblent remplis de vin, le troisième rempli d'eau.*

5 *Vide de nouveau les trois verres dans la carafe ; le liquide contenu est transparent comme de l'eau.*
Remplis les quatre premiers verres avec le liquide de la carafe ; les trois premiers semblent pleins d'eau, le quatrième plein de vin.

6

- *Vide-les encore dans la carafe ; le liquide devient rose.*
- *Maintenant, remplis les cinq verres ; les quatre premiers contiennent du vin, le cinquième de l'eau.*
- *Vide les verres dans la carafe ; c'est incroyable, le liquide redevient transparent !*

L'eau de chou rouge

■ *Coupe deux ou trois feuilles de chou rouge. Taille-les en morceaux et mets-les dans un verre. Verse de l'eau bouillante dessus et laisse-les macérer plusieurs heures. Le liquide devient d'un beau bleu azur foncé. Ajoute un peu d'alcool pour le conserver. Prépare cinq verres.*

- *Mets quelques gouttes d'eau dans le premier.*
- *Mets des traces d'ammoniaque dans le deuxième.*
- *Mets de l'alun en solution dans le troisième.*
- *Mets quelques gouttes d'une solution de gaz sulfureux dans le quatrième.*
- *Laisse le dernier vide.*

Verse la teinture de chou dans les verres. Elle devient :

- *rouge dans le premier ;*
- *verte dans le deuxième ;*
- *pourpre dans le troisième ;*
- *incolore dans le quatrième ;*
- *bleu azur dans le dernier.*

Les œufs colorés

■ Pour colorer la coquille des œufs durs, mélange du safran, des feuilles d'orties ou d'épinards dans l'eau où tu les fais cuire : la coquille devient orange, verte...

Quand tu verses du liquide dans une bouteille, tu dois soulever l'entonnoir de temps en temps, sinon le liquide ne descend plus.
En effet, au fur et à mesure que le liquide coule dans la bouteille, il comprime l'air qu'elle contient et qui n'arrive pas à sortir. À un certain point, la pression de l'air dans la bouteille devient si forte qu'elle s'oppose au poids du liquide, jusqu'à l'empêcher de descendre.
Tu dois alors soulever un peu l'entonnoir, pour permettre à l'air emprisonné de sortir. C'est seulement à ce moment-là que le liquide peut continuer à couler dans la bouteille.

LES ENCRES SYMPATHIQUES

Si tu trempes une plume dans du jus de citron et que tu écris sur du papier blanc, les mots seront invisibles. Mais ils apparaîtront à la chaleur d'un fer à repasser ou d'une bougie.

Si tu utilises du lait en guise d'encre pour écrire, ton message apparaîtra à condition de mouiller la feuille avec de l'eau.

Écris ton message secret avec :

- *du jus de citron ;*
- *une solution de soude ;*
- *de l'alun ;*
- *du vinaigre.*

Puis asperge la feuille avec de la teinture de chou (voir page 45). Le message apparaîtra *coloré en rouge, bleu et vert. Si tu ajoutes de l'ammoniaque, il deviendra bleu puis vert.*

Pourquoi le miroir de la salle de bains se couvre-t-il de buée ?

Le miroir de la salle de bains se couvre de buée quand on a pris une douche, comme le pare-brise de la voiture pendant un orage violent.

Cela se produit parce que le miroir n'est pas propre, mais recouvert d'impuretés. L'eau qui se condense ne peut plus se diffuser et le mouiller uniformément : elle forme alors de fines gouttelettes, qui diffusent la lumière dans toutes les directions (buée).

Pour éviter la buée, passe un peu de savon ou bien une tranche de pomme de terre fraîchement coupée sur la surface du miroir.

La pomme de terre réduit à zéro l'angle de contact entre le miroir et l'eau.

Qui est-ce qui apparaît ?

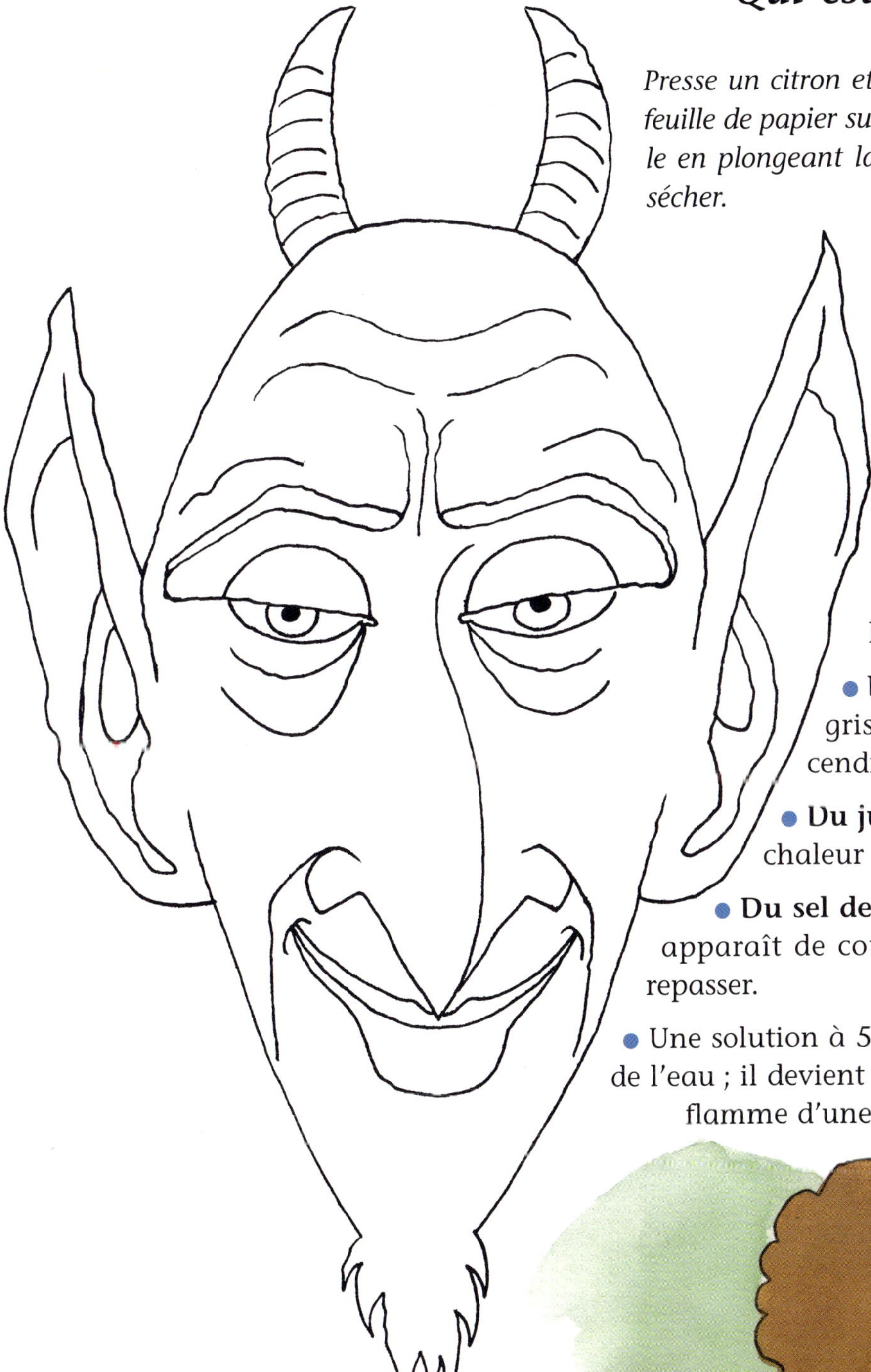

Presse un citron et verse le jus dans un verre. Pose une feuille de papier sur le dessin du petit diable et décalque-le en plongeant la plume dans le jus de citron. Laisse sécher.

Passe rapidement le papier au-dessus de la flamme d'une bougie ou bien repasse la feuille avec un fer à repasser : le petit diable apparaîtra comme dans le dessin.

Dessine ou écris avec :

- **De l'eau de cuisson des pommes de terre ou du riz** : le message apparaît de couleur bleu azur si on frotte le papier avec de la teinture d'iode.
- **De la salive** : il apparaît de couleur grise si on frotte la surface avec des cendres de cigarettes.
- **Du jus d'oignon** : il devient visible à la chaleur de la flamme d'une bougie.
- **Du sel de cuisine dissous dans de l'eau** : il apparaît de couleur noire à la chaleur du fer à repasser.
- Une solution à 5 % de **bicarbonate de soude** dans de l'eau ; il devient de couleur noire à la chaleur de la flamme d'une bougie.

- Si tu écris avec du **jus de rose**, **de pensée**, ou **de cerise**, mélangé à une quantité égale de vinaigre, que tu laisses macérer pendant 15 jours avant de l'utiliser, le message apparaît de couleur noire si on passe le fer à repasser chaud sur la feuille.

En utilisant des jus différents, tu obtiendras un message en couleurs !

LES CRISTAUX MERVEILLEUX

Les cristaux de sucre

Verse de l'eau bouillante dans une tasse, et ajoute du sucre en mélangeant continuellement jusqu'à ce qu'il soit dissous. Effectue l'opération le plus rapidement possible pour que la solution reste chaude, puis verse-la dans le verre.
Plonge un fil dans la solution, en utilisant le crayon comme support. Un trombone, lié à l'extrémité, tiendra le fil tendu.

Remets le verre dans un lieu froid et laisse-le reposer quelques jours.

Quand tu le reprendras en main, tu découvriras que le fil est couvert de très beaux cristaux de sucre.

Pourquoi ? L'eau chaude dissout plus de substance que la même quantité d'eau froide. Toutefois, la solution froide ne peut pas contenir la même quantité de substance que celle qui est présente dans la solution chaude.
Dans cette expérience, le sucre en surplus sort de la solution sous forme de beaux cristaux.

Nettoie délicatement le cristal en le lavant avec un pinceau et de l'eau pure.
Graisse légèrement le fil avec de la vaseline en ayant soin de ne pas toucher le cristal à peine formé.
Mélange de l'alun de roche ou du safran à la solution de sucre.

Le cristal cristallin...

Les cristaux se forment par solidification d'une substance fondue ou bien qui constitue la résolution d'une solution hyper-saturée. Ils ont été subdivisés en 32 classes, en rapport avec les éléments de symétrie, et ils ont été regroupés en 7 systèmes. Les premières lois importantes sur leur structure ont été formulées à la moitié du XVIIe siècle.
Les cristaux sont utilisés pour la cristallerie de table de haute qualité, pour la fabrication de miroirs, en optique. 200 millions de cristaux de quartz sont produits annuellement pour le marché mondial des montres.
Les cristaux au silicium, au germanium et à l'arséniure sont les points de départ de la technologie des semi-conducteurs et des puces, éléments des microcircuits électroniques.
Cristal, en grec, signifie froid, de glace.

Les cristaux de sel

Fais dissoudre du sel de magnésie dans un verre d'eau chaude.
Ajoute du sel fin jusqu'à ce qu'il ne se dissolve plus.
Répète l'opération dans un autre verre.
Relie les deux verres par un fil de coton dont les extrémités doivent être bien immergées dans le liquide.
Place une soucoupe sous la partie de fil qui relie les deux verres.
Laisse reposer dans un lieu tranquille pendant une journée et tu verras alors apparaître de très beaux cristaux qui pendent du fil et sur la soucoupe.

La solution de sel de magnésie remonte le long du fil par capillarité et les cristaux se forment quand elle refroidit

Alexander Fleming

Sir Alexander Fleming, bactériologiste et médecin anglais (1881-1955) concentra ses études sur les infections, sur les antiseptiques et sur les antibiotiques. En 1928, en étudiant une culture de staphylocoques, il se rendit compte par hasard qu'il n'y avait pas de microbes autour d'une moisissure de Penicillium notatum. *Il parvint à extraire un bactéricide à partir de ce champignon et il l'appela "pénicilline".*
Sa préparation fut perfectionnée par la suite par d'autres savants et produite à l'échelle industrielle après 1940. Elle est utilisée dans la thérapie des maladies infectieuses et elle a sauvé des millions de vies humaines.
Alexander Fleming, Ernest Boris Chain (1906-1979), qui isola la pénicilline pure et sir Howard Walter Florey (1898-1968) reçurent en 1945 le prix Nobel de physiologie et de médecine.

La culture des cristaux

■ Fais dissoudre les doses de sels indiquées dans de l'eau très chaude. Si la solution contient des impuretés, filtre-la. Verse-la ensuite dans un verre et ne la bouge pas.
Quand, plus tard, de petits cristaux apparaîtront au fond du récipient, choisis-en un assez gros et suspends-le à un petit bâton avec un fil très propre.
Prépare une nouvelle solution. Verse-la dans un verre soigneusement nettoyé. Quand la solution a un peu refroidi, plonge délicatement le petit cristal tenu par le fil et par le petit bâton de façon qu'il soit au centre du verre.
Ne le touche pas et observe-le souvent : en un jour, il aura "consommé toute sa nourriture" et il sera plus gros.
Verse une nouvelle solution et continue en utilisant des récipients, des doses d'eau et des solutions toujours plus grandes. Si tu as de la patience, il pourra devenir gigantesque, comme celui qui a été obtenu par certains élèves de Moscou : un cristal de sulfate de cuivre d'un poids de 2,5 kg.

La solution a lieu plus facilement à chaud qu'à froid. Elle doit être saturée, c'est-à-dire tellement riche qu'elle ne peut plus dissoudre davantage de sel. Filtre-la très chaude.
On obtient de gros cristaux, de forme régulière en mettant la solution dans un récipient large et peu profond.

Les sels qui fournissent le plus facilement de magnifiques cristaux

Acide borique		
Carbonate de sodium		
Ferrocyanure de potassium		
Permanganate de potassium		
Sucre	200	
Sulfate de magnésium	volume égal	
Sulfate de cuivre	50 g	100 cm^3 d'eau
Alun de chrome	40 g	100 cm^3 d'eau
Alun de potassium	15 g	100 cm^3 d'eau

Antoine Laurent de Lavoisier

Chimiste français (1743-1794). À seulement 25 ans, il fut admis à l'Académie des Sciences à la suite de son projet d'illumination des rues de Paris.
Ses travaux les plus intéressants concernent l'explication exacte des phénomènes de la respiration et de la combustion comme les procédés d'oxydation, la détermination quantitative des composants qui interviennent dans la constitution de l'eau, la démonstration que la quantité de chaleur nécessaire pour décomposer un composé en ses différents éléments est identique à celle qui se manifeste lors de la formation du même composé à partir de ses éléments, la découverte du principe de conservation de la matière. Il est considéré comme le père de la chimie moderne. Il fut guillotiné, pendant la Révolution française, sous la Terreur, pour avoir été fermier général.

POURQUOI LE SAVON LAVE-T-IL ?

Quand a-t-on inventé les shampooings, le savon à barbe, les savonnettes, les produits détergents... ? Comment parviennent-ils à enlever la saleté ?

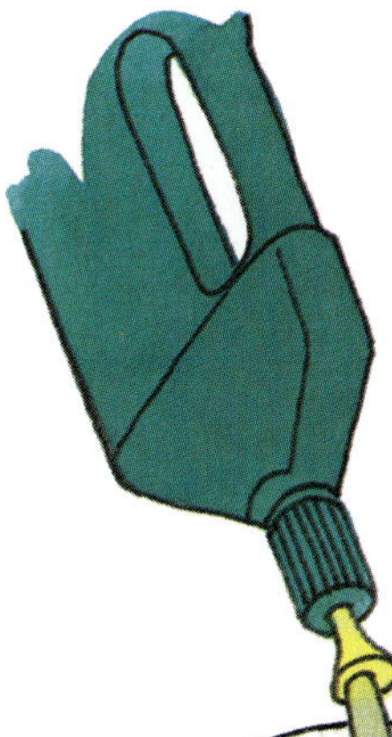

Salis l'intérieur de deux verres avec du gras. Verse un peu de produit détergent dans un seul des deux.

Remplis les deux verres avec de l'eau et agite-les bien.

Pose-les sur une surface plane afin qu'ils reposent quelques minutes.

Regarde comme la saleté adhère encore au verre qui ne contient que de l'eau, alors que dans l'autre la saleté flotte au-dessus.

Les molécules de savon exercent une véritable attraction sur les particules de saleté qui s'y attachent en abandonnant les surfaces où elles étaient fixées : une sorte de tir à la corde. Le gras est ainsi mis en suspension dans l'eau, ce qui en facilite l'élimination.

Quand a-t-on inventé le savon ?

Les Égyptiens ajoutaient du carbonate de sodium à l'eau, les Grecs se servaient de substances dégraissantes comme le jus de la saponaire, les Romains utilisaient une pâte abrasive à base de cendres et de gras.
Le vrai savon, préparé avec du suif, des cendres et de la chaux, fut adopté peut-être pour la première fois par les Gaulois, qui l'utilisaient pour teindre leurs cheveux en rouge.
À partir du IIe siècle, Galien le conseilla pour laver les personnes et les vêtements. Le savon était préparé à la maison et c'est seulement à partir du XIVe siècle qu'il fut produit à l'échelle commerciale. Dans la préparation artisanale, on met un mélange d'huile et de gras dans une chaudière ; ces conmposants sont ensuite réchauffés à la vapeur. Quand le mélange atteint une température d'environ 80 °C, on introduit une solution de soude à 50 % et on ajoute du chlorure de sodium.
On laisse reposer la solution. On sépare ensuite le savon de la lessive, de la glycérine et des impuretés présentes dans les matières premières.
Le premier produit détergent synthétique a été produit aux États-Unis vers 1930, mais la production et l'utilisation en masse des détergents ménagers remonte au début des années cinquante.

Les bulles de savon

À Paris, au musée du Louvre, on peut observer un très ancien vase étrusque sur lequel des enfants sont représentés en train de faire des bulles de savon avec une paille. Cette représentation reste un mystère car nous n'avons malheureusement aucun élément permettant de savoir quel type de savon ils utilisaient.

Les recettes

■ Les bulles de savon faites avec simplement de l'eau savonneuse ne durent pas longtemps. Voici deux recettes pour augmenter leur durée. Vérifie la meilleure.

1 *Fais fondre sur le feu 20 g de savon de Marseille coupé en copeaux très fins dans une casserole où tu auras préalablement versé 300 g d'eau distillée déjà chaude. Mélange continuellement.*
Ajoute 300 g d'eau et 300 g de glycérine. Agite bien et laisse tomber 20 gouttes d'ammoniaque concentrée. Mets en bouteille. Laisse reposer pendant une semaine dans l'obscurité. Avant d'utiliser le liquide, filtre-le. Conserve-le dans un endroit frais.

Utilise de préférence de l'eau distillée.
La glycérine augmente beaucoup la durée des bulles de savon.
Le savon peut être remplacé par un produit pour laver la vaisselle ou les textiles délicats.
Tes bulles seront beaucoup plus résistantes si tu laisses le verre qui contient le liquide toute la nuit dans le réfrigérateur.

2 Dans une tasse d'eau savonneuse préparée comme dans la recette n° 1, fais fondre une petite cuillerée de sucre en poudre. Mélange continuellement jusqu'à ce qu'il soit complètement dilué. Ajoute de la poudre à laver les textiles délicats ou pour laver la vaisselle en mettant une partie d'eau pour trois parties de produit détergent.

■ Coupe l'extrémité de la paille, que tu utiliseras pour faire les bulles, en quatre parties et ouvre-la en forme de croix. **C'est le meilleur instrument pour souffler les bulles.**

■ **Les bulles de Noël.** *Quand la température est glaciale, laisse le liquide à l'extérieur jusqu'à ce qu'il devienne très froid. Souffle une grande bulle et recueille-la dans un morceau d'étoffe de laine. Peu après la bulle gèle et elle étincellera comme un diamant au soleil.*

Les bulles de savon qui sautillent

Si tu laisses tomber les bulles de savon sur un morceau d'étoffe de laine, elles s'y poseront sans éclater.
En entourant un tambourin ou une raquette de ping-pong avec un linge tu pourras jouer délicatement avec les bulles en les faisant sautiller.

Une triple bulle

Gonfle une bulle de 20 cm de diamètre avec une trompette, puis introduis une paille bien mouillée avec de l'eau savonneuse dans la bulle ; souffle une deuxième bulle et à l'intérieur de celle-ci une troisième, etc.

Des bulles immenses

Pour obtenir des bulles de savon très grosses, plie un fil de fer (1,5 mm de section) en formant un cercle de 30 cm de diamètre. Pour t'aider, entoure-le autour d'un baril de lessive. Torsade une extrémité sur l'autre pour former le manche. Recouvre l'anneau avec du coton.
Immerge l'anneau dans le récipient contenant le liquide, tu verras se former une grande bulle.
Le Livre Guinness des Records certifie que la bulle de savon la plus grande a été réalisée le 30 juillet 1995 en Nouvelle-Zélande. Avec du produit détergent, de la glycérine et de l'eau, Alan McKay forma une bulle de savon de plus de 19,45 m de long.

Sir Charles Vernon Boys

Boys (1855-1944) est l'un des savants anglais les plus originaux. Avant de devenir un brillant enseignant en physique, il fut pendant plusieurs années mineur de fond.
Sa curiosité alla de la réalisation de projets d'instruments scientifiques, à l'étude des animaux. Il fit une étude sur les araignées. Il voulait savoir si elles étaient en mesure de reconnaître le bourdonnement des insectes dont elles se nourrissaient ou si elles pouvaient être trompées par un diapason.
Célèbre inventeur des fibres au quartz, il améliora la technique pour photographier les balles de fusil en mouvement, et il dessina les lignes méridiennes.
Il projeta un appareil photographique avec deux lentilles tournantes pour photographier la foudre, ce qui a permis aux autres scientifiques d'étudier le développement de l'éclair. Il aimait beaucoup plaisanter et quand il avait fait un travail particulièrement bon, il sortait de son laboratoire en criant et en sautant de joie.

Joseph-Antoine-Ferdinand Plateau, *physicien belge (1801-1883). Il consacra ses recherches à la capillarité et à l'optique.*
Il détermina les superficies de surface minimale contenues dans une ligne fermée ayant une longueur donnée, en d'autres mots il examina les bulles de savon. Il est considéré comme un précurseur de la cinématographie ayant inventé plusieurs procédés d'animation des images avec un instrument appelé phénakistiscope.
Sa découverte la plus intéressante concerne la ***persistance des images sur la rétine*** *; il y travailla si intensément qu'il en perdit la vue.*

Science et technique au Moyen Âge

L'illustration représente un homme en train de traverser un fleuve à cheval dont la flottaison est favorisée par des outres remplies d'air. Le dessin est extrait d'un projet de Guido de Vigevano.

La naphtaline ballerine

Mets trois boules de naphtaline dans un verre d'eau. Elles couleront au fond. Retire-les. Ajoute deux cuillerées à soupe de vinaigre et deux de bicarbonate de soude.
Mélange bien le contenu du verre jusqu'à ce que le bicarbonate soit dissous. Maintenant, replonge les trois boules de naphtaline : elles tomberont encore au fond. Au bout d'une heure, tu verras les boules rebondir de haut en bas dans le verre jusqu'à ce qu'elles soient consumées.
Les boules de naphtaline sont plus lourdes que l'eau, par conséquent elles tombent au fond. Le bicarbonate et le vinaigre produisent de l'anhydride carbonique qui est un gaz. Observe les petites bulles de ce gaz le long des parois du verre. Plusieurs d'entre-elles s'attaquent à la superficie rugueuse des boules de naphtaline et elles se comportent comme de petites bouées en les soulevant jusqu'à la surface.
Quand elles atteignent la surface, certaines petites bulles se détachent et les boules coulent, jusqu'à ce qu'elles recueillent d'autres petites bulles qui les feront remonter de nouveau.

Est-ce qu'on peut voir la foudre sans qu'elle soit accompagnée par le tonnerre ? Pourquoi le silence est-il aussi pesant après une chute de neige ? Pourquoi le son porte-t-il plus loin quand il fait froid que quand il fait chaud ? Combien pèse l'air ? Comment construit-on un téléphone à eau ? Comment fonctionne un réacteur ? Comment créer un arc-en-ciel ? Qu'est-ce qu'un kaléidoscope ? Est-ce que le petit diable de Descartes est méchant ? Qu'est-ce qui provoque le bruit de la mer que l'on entend dans les coquillages ?

EXPÉRIENCES AVEC L'AIR

Une jeune femme ailée, assise sur un nuage, tient un paon entre ses bras. Sa tête est couronnée avec des pierres précieuses, des oiseaux de différentes espèces volent autour d'elle... C'est ainsi que les anciens représentaient l'air.

Les expériences de l'air concernent
- la formation des courants
- le poids de l'air
- le son
- le vol
- la propagation de la lumière
- la météorologie

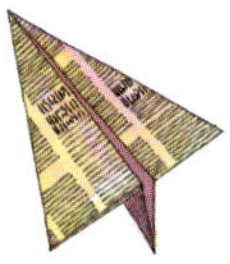

LES COURANTS D'AIR

Mets-toi près d'une porte ou d'une fenêtre avec une bougie allumée.
Pourquoi la flamme s'incline-t-elle ?
L'air plus chaud se répand, devient plus léger et monte vers le haut. L'air froid est, au contraire, plus lourd et il s'abaisse.
Le mouvement de l'air froid vers l'air chaud crée des mouvements appelés **courants de convection**, qui frappent la flamme et la font s'incliner.
Il suffit d'ouvrir une fenêtre en hiver pour s'en rendre compte !

Pourquoi soufflons-nous sur la soupe qui brûle pour la faire refroidir ?

Pourquoi souffle-t-on dans ses mains pour les réchauffer quand on a froid ? Est-ce que ce n'est pas une hérésie ?

Beaucoup de gens pensent que c'est l'air soufflé ***sur la soupe brûlante*** *qui permet de la faire refroidir. En réalité, l'air que nous soufflons, accélère l'évaporation. La vapeur, absorbe la chaleur du liquide situé en dessous et c'est elle qui entraîne le refroidissement.*
Le même phénomène se produit avec un ventilateur : le souffle d'air accélère l'évaporation de notre transpiration, qui absorbe la chaleur du corps.
L'air qui sort de la bouche est très humide et il a une température de 37 °C. La présence de beaucoup d'humidité concentre la chaleur. Par conséquent, en soufflant sur nos doigts froids, la chaleur passe en partie dans nos doigts en les réchauffant réellement.

Le serpent à spirale

Les courants de convection font bouger cette sympathique décoration posée sur le radiateur d'un chauffage central.

1 Dessine un cercle sur un petit morceau de carton à l'aide d'une tasse renversée.

2 Dessine une spirale d'environ un demi-centimètre de large en commençant par la circonférence et en allant vers le centre.

3 Dessine des yeux, une bouche et beaucoup de taches pour réaliser un beau serpent.

4 Enfile la queue du serpent sur la pointe d'un crayon. Insère l'autre extrémité du crayon sur un socle en pâte à modeler.

Le corps du serpent s'enroulera autour du crayon.
Pose la décoration sur le radiateur du chauffage central allumé ou suspends-la. Le serpent commencera à tourner de façon menaçante.
Le phénomène est provoqué naturellement par les courants d'air chaud qui montent du radiateur.

Décalque le dessin du serpent

Pour fixer la queue du serpent sur la pointe du crayon, il faut réaliser un capuchon, sorte de chapeau chinois. Découpe une petite entaille en suivant la ligne de pointillés dans le dessin ci-contre.

POURQUOI LE PETIT CARTON RESTE-T-IL COLLÉ AU VERRE ?

Remplis un verre avec de l'eau. Bouche-le avec un petit carton rigide (une carte postale) et retourne-le d'un geste rapide et décidé.
N'aie pas peur ! Enlève la main qui soutient le petit carton ; celui-ci reste collé au verre et il empêche l'eau de sortir.
Quelle force invisible le soutient ?

Combien pèse l'air ?

Nous vivons dans un océan d'air qui, au niveau de la mer, pèse 1 kg par cm^2.
La pression extérieure à laquelle nous sommes soumis est d'environ 10 t.
Pourquoi ne sommes-nous pas écrasés ?
Le poids extérieur est contrebalancé par une poussée égale existant à l'intérieur de chacune de nos cellules.
Un être humain exploserait dans le vide : sa pression intérieure ne serait plus compensée par la pression atmosphérique extérieure.

L'air présent dans le verre se répand en déterminant une baisse de pression assez forte pour permettre à la pression atmosphérique de soutenir le petit carton et le poids de l'eau contenue.

La force invincible de la pression atmosphérique

Mets une petite planche, une vieille règle en bois ou en plastique, sur une table, de façon à ce qu'elle dépasse d'une dizaine de centimètres.
Pose dessus une feuille de papier journal. Passe la main sur la feuille pour la faire bien adhérer à la table.
Frappe la petite tige avec le revers de la main.
Qu'arrive-t-il ?

Quel instrument mesure la pression atmosphérique ?

Le physicien et chimiste anglais Robert Boyle a donné le nom de baromètre (de "baro" qui signifie lourd et de "meter" qui signifie mètre, mesure) au tube de Torricelli.
L'instrument sert à mesurer la pression atmosphérique et, indirectement, à prévoir le beau et le mauvais temps.
Il y a deux types de baromètres qui sont les plus utilisés : le baromètre à liquide (mercure), dérivé directement de l'expérience de Torricelli et le baromètre métallique.

***Evangelista Torricelli**, physicien et mathématicien italien (1608-1647) démontra qu'un système matériel est en équilibre quand son centre de gravité occupe la position la plus basse possible. Est-ce que tu te souviens des expériences illustrées à la page 16 ?*
Il s'occupa également d'hydrostatique et de balistique (la science qui étudie le mouvement et la direction des projectiles).
Il résolut le problème de savoir pourquoi les pompes ne fonctionnent pas au-dessus de la limite de hauteur de 10,7 m, en énonçant l'hypothèse que c'était la pression atmosphérique qui faisait monter l'eau dans les pompes. Pour le démontrer, il remplit un tube très fin avec du mercure, un élément qui est environ 14 fois plus lourd que l'eau. Après avoir fait sortir tout l'air, il ferma l'extrémité ouverte avec un doigt et plongea le tube en le renversant dans une petite cuvette contenant elle aussi du mercure. Il observa que le niveau du mercure dans le tube descendait jusqu'à s'arrêter à une hauteur d'environ 76 cm au-dessus de la surface du mercure contenu dans le récipient. Cette mesure est celle de la pression atmosphérique.

LA BOUTIQUE DES SONS

Pourquoi les guides indiens posaient-ils l'oreille sur le sol pour prévoir l'arrivée de cavaliers lointains et par conséquent invisibles ?

Le son voyage plus vite dans le sol que dans l'air.
Mais ceci n'est pas l'explication, puisque les cavaliers se déplacent bien plus lentement que le son.
En posant l'oreille sur le sol, on entend les bruits lointains parce qu'il y a moins d'obstacles sur le parcours du son.

Gong. Attache une ficelle sur le bord d'un plateau rond en métal. Place une grosse boule de coton hydrophile dans un morceau d'étoffe et attache-la au sommet d'un petit bâton.
Frappe sur le gong au centre.

Trombone à eau. Remplis une bouteille d'eau. Trouve un tube de 20 cm de long, ayant un diamètre de 1 cm, ouvert aux deux extrémités. Enfile-le dans la bouteille et souffle dans le tube sans le boucher complètement avec la bouche (comme dans une flûte indienne). Tu obtiendras des sons différents selon la profondeur à laquelle le tube sera plongé dans l'eau.

Pourquoi la craie qui glisse sur le tableau noir produit-elle un grincement insupportable *si on ne la tient pas bien ?*
Pourquoi les portes grincent-elles *ou pourquoi les pneus d'une voiture qui accélère violemment depuis l'arrêt, crissent-ils ?*

Ces bruits se produisent quand quelque chose adhère puis se met à glisser.

L'écho est la répétition d'un son, due à la réflexion de l'onde sonore sur un obstacle vers l'auditeur... mais aussi vers une nymphe désespérée.

L'ÉCHO

Pour qu'il y ait la répétition d'un son, distinct du son direct, il faut que le deuxième son se produise avec un retard d'au moins 0,1 s, par rapport au premier.
La distance de l'obstacle doit par conséquent être de plus de 17 m, puisque le son se déplace dans l'air à une vitesse d'environ 340 m/s (mètres par seconde).
Le phénomène de l'écho est utilisable pour mesurer la distance d'un obstacle, en calculant le retard. Il existe des appareils à fréquence sonore ou à ultrasons qui utilisent ce phénomène pour mesurer les profondeurs marines (les sonars). Le radar utilise aussi le principe de l'écho.

Dans les environs d'Oxford, on peut entendre un écho qui se répète 20 fois ; mais l'écho le plus long (d'une durée de 15 s) est celui créé par le claquement de la porte de la chapelle du mausolée de Hamilton (Grande-Bretagne).

L'échogoniomètre ou sonar *permet de déterminer la position et la distance des objets sous-marins.*
L'échographie. *C'est une technique de diagnostic obtenue grâce aux ultrasons qui sont réfléchis par des tissus internes du corps. Les signaux sont traduits en ondes lumineuses visibles sur un écran. Elle est utilisée pour l'étude du cœur, des intestins, du développement du fœtus.*

Écho *est aussi le nom de la fille de l'Air et de la Terre. La nymphe aima Narcisse, un jeune homme très beau, mais inaccessible. Elle l'aima désespérément, mais elle fut repoussée.*
Dans sa douleur, elle vagabonda longtemps parmi les monts et les bois, en se réfugiant dans les cavernes, jusqu'à ce qu'elle ne soit plus qu'une voix.
Les dieux punirent Narcisse en ne le rendant amoureux que de lui-même, à tel point qu'il passait tout son temps à admirer son image dans l'eau des sources et des ruisseaux. Un jour, s'étant trop penché vers une fontaine pour se voir de plus près, il y tomba et s'y noya. Les dieux le transformèrent en fleur : le narcisse.

Les bouteilles musicales

Verse dans plusieurs bouteilles de l'eau à divers niveaux. Suspends-les à un manche à balai à l'aide de ficelles. En les frappant avec une petite cuillère, tu obtiendras des sons différents. Il est possible de jouer aussi quelques comptines comme le montre l'illustration de la page de droite.
Remplis les bouteilles avec de l'eau en suivant les indications de ces dessins et numérote-les.

		CENTIMÈTRES
1	DO	26,5
2	RÉ	15
3	MI	10,5
4	FA	10
5	SOL	7
6	LA	6
7	SI	(VIDE) 00

FRÈRE JACQUES

Cot cot cot... codette

Perfore le fond d'une boîte de conserve sans couvercle et enfile une ficelle un peu grosse de 30-40 cm de long. Fais un nœud pour la bloquer. Couvre la partie supérieure de la boîte avec du papier mouillé et attache-le avec un élastique.
Tiens-la dans une main. Frotte le fil doucement avec un morceau de colophane en le tenant avec les doigts de l'autre main. Tu apprendras bientôt à jouer de cet instrument, en imitant le gloussement des poules.

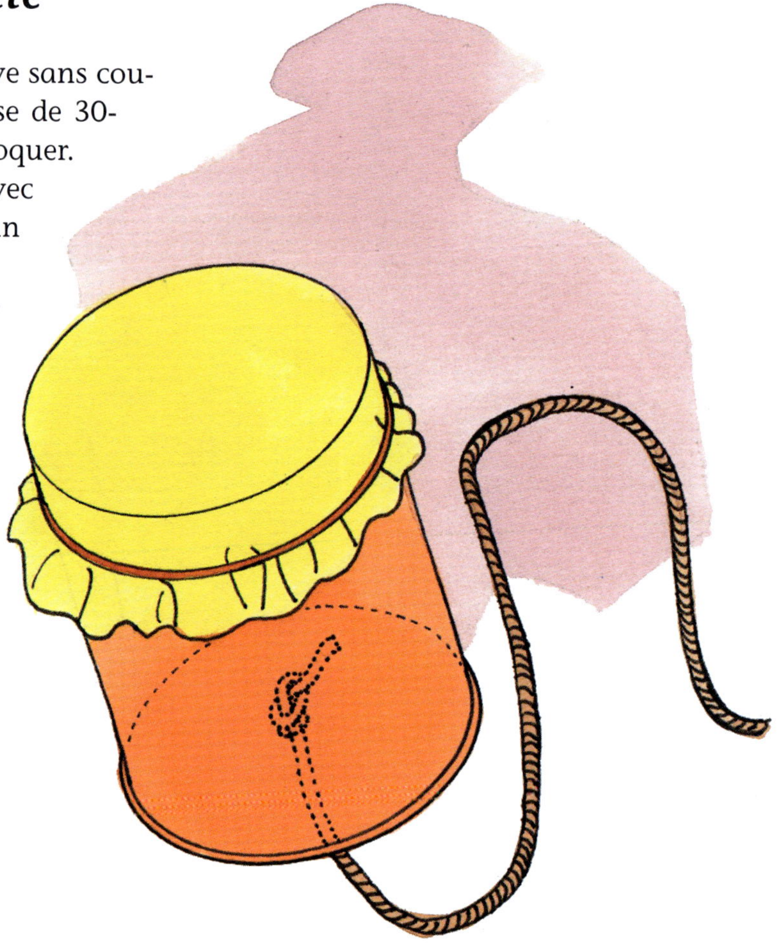

Pourquoi entend-on les doigts craquer ?

Le craquement est dû à l'éclatement de minuscules bulles dans le fluide qui lubrifie les jointures des doigts. Il faut plusieurs minutes avant que le gaz soit réabsorbé et qu'on puisse recommencer.

Est-ce qu'on peut siffler sous l'eau ?

En plongeant la tête dans l'eau, on entend très bien certains bruits de la maison, qui ne sont pas perceptibles dans l'air.
Les scaphandriers, immergés dans l'eau, peuvent se parler pourvu qu'ils mettent leurs casques en contact.
Les corps solides transmettent le son avec une plus grande intensité que les liquides et ceux-ci mieux encore que les gaz.

Ernst Mach, *philosophe et physicien autrichien (1838-1916), s'attaqua à l'optique, à l'acoustique, au mouvement des projectiles. Il obtint des résultats intéressants, surtout pour le développement de l'aérodynamique.*
Le nombre de Mach est le rapport entre la vitesse d'un courant fluide et la vitesse du son dans le fluide lui-même.
Le nombre de Mach *a une importance fondamentale dans l'étude des phénomènes aérodynamiques et il est utilisé en aéronautique pour indiquer la vitesse des avions supersoniques.*
Il fit des enquêtes critico-épistémologiques approfondies sur les bases de la physique.
Le mot "épistémologie" indique une affirmation qui concerne la "théorie de la connaissance". C'est un mot inventé en 1854 à partir du grec. Le contraire est "agnosticisme" : doctrine de l'ignorance.

Pourquoi entend-on la mer dans les coquillages ?

Le volume d'air contenu dans le coquillage vibre à cause des bruits qui proviennent du milieu environnant, y compris le murmure d'une faible brise. L'augmentation et la diminution de l'intensité de ces fréquences de résonance provoquent chez l'auditeur l'illusion d'entendre les vagues de l'océan qui vont et viennent.

Si l'on exerce une pression sur le bord d'un verre avec un doigt humide, toujours dans le même sens, peu à peu, le verre produit un son qui varie en fonction de ses dimensions, de la grosseur de ses parois et spécialement de la quantité d'eau qu'il contient.
Pourquoi ?

Pour imiter le son de la sirène d'un navire, souffle sur l'ouverture d'une gourde.
Pour reproduire le grondement du tonnerre, agite une mince feuille de tôle, en la tenant par un coin.

La sensibilité moyenne de l'oreille humaine varie entre 16-20 Hz et 16 000-20 000 Hz. Les sons de fréquence inférieure à cette plage s'appellent les **infrasons** ; ceux qui lui sont supérieurs, les **ultrasons**. La vitesse moyenne du son dans l'air est de 340 m/s, dans l'eau de 1 400, dans l'acier de 5 000. Quand la source qui émet un son se déplace à une vitesse supérieure à celle du son lui-même, on dit qu'elle franchit le mur du son.

Hz

On appelle hertz (Hz) l'unité de mesure de la fréquence, définie comme une oscillation à la seconde, en honneur du physicien allemand ***Heinrich Hertz*** *(1854-1894).*

Le téléphone à ficelle

Humidifie un morceau de papier et tends-le sur l'ouverture d'une boîte de conserve. Attache-le bien avec une ficelle, et laisse-le sécher. Perfore ensuite en son centre la membrane obtenue, et introduit l'extrémité d'un morceau de ficelle de plusieurs mètres de long. Fait un nœud pour qu'il ne sorte pas. Insère l'autre bout de la ficelle dans une deuxième boîte de conserve. Parle à voix basse dans les récipients et tu entendras très bien la voix du copain ou de la copine qui joue avec toi. **Attention : le fil doit être bien tendu !**

Le téléphone à parapluie

Mouille abondamment deux parapluies. Ouvre-les et dispose-les de façon que les concavités se fassent face et que les deux manches soient disposés dans le prolongement l'un de l'autre. Si tu approches l'oreille de l'intérieur du parapluie, près du cran d'arrêt, et que ton ami parle à voix basse à l'intérieur du deuxième parapluie, au même endroit, vous entendrez très bien vos confidences, alors qu'un "espion" se trouvant à mi-chemin entre vous deux n'entendra rien.

Le téléphone à eau

Perfore deux boîtes de conserve sans couvercles et fixe une ficelle imperméabilisée au fond de chacune d'elle. Tu peux l'imperméabiliser en la plongeant dans une solution à 2 % de cire dissoute dans de l'essence.
Recouvre l'ouverture de la boîte de fer-blanc avec une feuille de papier humidifiée, que tu tiens bien tendue en l'attachant avec la ficelle.
Sur la rive d'une mare à l'eau tranquille, plante deux bâtons dans l'eau. Attache la ficelle des boîtes à chacun d'eux.
Maintenant tu peux commencer ta conversation à voix basse avec un ami. Les sons passent en partie à travers l'eau et en partie à travers la terre.

***Enrico Fermi**, physicien italien (1901-1954). Il fit des recherches expérimentales sur la composition de l'atome, la radioactivité et le ralentissement des neutrons par les noyaux d'hydrogène, notamment ceux de la paraffine et de l'eau.*
Il obtint le prix Nobel de physique en 1938.
Il préféra ne pas rentrer en Italie à la suite de la publication des lois anti-juives par les fascistes et il s'établit aux États-Unis.
Il se consacra au problème de la libération contrôlée de l'énergie nucléaire par du matériel radioactif. Le résultat fut atteint le 2 décembre 1942 avec la mise en fonction du premier réacteur nucléaire (pile de Fermi), à la réalisation duquel il contribua de façon décisive. À partir de 1944, il prit part aux études pour la réalisation de la première bombe atomique, à Los Alamos. Il retourna ensuite à ses occupations universitaires, et fit des recherches sur la physique des grandes énergies ; il proposa une théorie sur l'origine de la radiation cosmique.

VOLER

L'homme sait marcher ; il sait assez bien courir, apprendre à nager, mais il ne sait pas voler. Pendant de nombreux siècles, il a regardé les oiseaux en les enviant : un battement d'ailes... et les voici qui se soulèvent dans le ciel.

Beaucoup d'hommes ont tenté de voler comme les oiseaux en endossant des ailes avec des plumes. Le squelette humain n'est pas adapté au vol, mais à la marche : les os humains sont épais et lourds, tandis que ceux des oiseaux sont creux et légers.
Les muscles des bras et du thorax de l'homme sont beaucoup plus fins et faibles que ceux correspondant des oiseaux.
Après de nombreuses tentatives, qui durèrent pendant des siècles, on se rendit compte que sauter d'une hauteur avec une paire d'ailes sur le dos, n'était pas la bonne solution pour voler. On pensa alors à la construction d'une machine.

Est-ce qu'on peut éteindre une bougie en soufflant dans un entonnoir ?

Il faut souffler dans la direction de la flamme, mais en biais. Si tu approches l'entonnoir, la flamme sera attirée vers celui-ci.

Histoire de l'aviation

L'histoire de l'aviation commence comme un long rêve illustré par la légende d'Icare. Elle devint plus concrète avec les projets de Léonard de Vinci et les nombreuses études sur le vol des oiseaux. En France, en 1890, Clément Ader fit, le premier, voler un engin plus lourd que l'air à Avion, dans le Nord. Aux État-Unis, au début du XXe siècle, les frères Orville et Wilbur Wright, construisirent un appareil à moteur, inspiré du cerf-volant, mais en mesure de décoller par ses propres moyens. La mise au point des premiers instruments de navigation, c'est-à-dire du compas gyroscopique et du pilote automatique, remonte à 1906. De 1914 à 1939, la compétition internationale favorisa l'évolution des techniques et les avions atteignirent des vitesses et une sécurité de plus en plus grandes. Le premier avion à réaction fut expérimenté le 20 juin 1939, et le mur du son fut franchi en 1947.

Comment fonctionne un réacteur

Gonfle un petit ballon long et fixe deux petits morceaux de paille sur celui-ci avec du ruban adhésif, en les alignant l'un à côté de l'autre.
Enfile une ficelle dans les pailles et tends-la en attachant les extrémités à deux crochets fixés au mur. Enroule un petit carton et prépare un petit tube qui doit être fixé à l'embouchure du ballon. Quand tu laisseras l'air s'échapper, le ballon courra le long du fil dans la direction opposée au jet d'air.

La danse des billes

Enfile un entonnoir dans une bouteille à large goulot. Obture bien l'espace entre l'entonnoir et la bouteille avec de la cire.
Remplis la bouteille avec de l'eau et ajoute ensuite un sachet de solution qui sert à rendre l'eau de table pétillante. Mets quelques billes de plastique dans l'entonnoir, de façon à ce qu'elles le bouchent.
La pression interne du gaz produit dans la bouteille fait sauter la petite bille en l'air, tandis qu'une autre bille descend et prend sa place en fermant le trou.
Après un instant, celle-ci aussi sera lancée en l'air : tu assisteras de cette façon à une danse de billes très gracieuse.

Un dédale de vie

***Dédale** fut un héros de la mythologie de la civilisation crétoise. Il est considéré comme le premier grand sculpteur du monde antique. On dit que ses statues étaient si réalistes, si vivantes, qu'elles bougeaient et qu'il fallait les attacher pour qu'elles ne s'échappent pas.*
Ce fut aussi l'architecte du labyrinthe de Knossos où il fut enfermé pour avoir aidé Thésée lors du meurtre du Minotaure.
Il s'échappa, en même temps que son fils Icare, en volant grâce à des ailes artificielles qu'ils appliquèrent à leur corps avec de la cire. On lui attribue l'invention des "xoanas", des simulacres en bois des divinités, et des outils de menuiserie.

L'avion voyage dans l'air. Mais l'air tout seul n'est pas suffisant pour le soutenir. Un avion immobile dans l'air s'écrase. Et si à la place de l'avion c'était l'air qui bougeait ? Quelques expériences pour découvrir certains secrets du vol d'un avion sont illustrées dans les pages suivantes.

■ Construis un avion en papier, et lâche-le sans le lancer. Qu'arrive-t-il ?
Il tombe. En effet l'air tout seul n'est pas suffisant pour le soutenir.

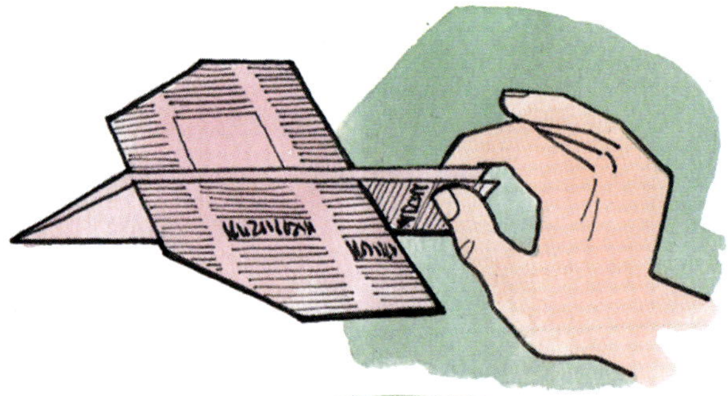

Le Concorde est l'avion de ligne le plus rapide utilisé pour le transport des passagers : il vole à plus de deux fois la vitesse du son et ne met que 2 h 54 mn et 30 s pour relier New York à Londres.
Le plus grand nombre de passagers à bord d'un avion a été de 1 088 personnes quand les Juifs Éthiopiens furent transportés d'Addis Abeba, la capitale assiégée de l'Ethiopie à Israël. Deux enfants naquirent pendant le voyage.
La plus forte charge au décollage a été de 600 t ; elle fut supportée par un avion russe appelé "Rêve", qui parcourut 2 100 km sans escale.

■ Tiens un morceau de papier suspendu verticalement et souffle dessus.
Le souffle d'air qui permet au papier de s'élever, représente très bien la façon dont se soulèvent les ailes d'un avion.
Les moteurs à hélice ou à réaction poussent l'avion en avant, de sorte que l'air court au-dessus et au-dessous des ailes.
Grâce à la forme particulière des ailes, la pression exercée par l'air sur la partie supérieure est moindre que celle exercée sur la partie inférieure ; ceci permet à l'avion de s'élever. Les avions sont équipés aussi d'un gouvernail sur la queue. Il y a en outre des ailerons mobiles sur la queue et sur les ailes, qui servent à diriger l'avion.

Un incroyable aéronef

Pour construire cet aéronef en papier, il ne faut qu'une feuille de papier pour photocopieuse et une paille.

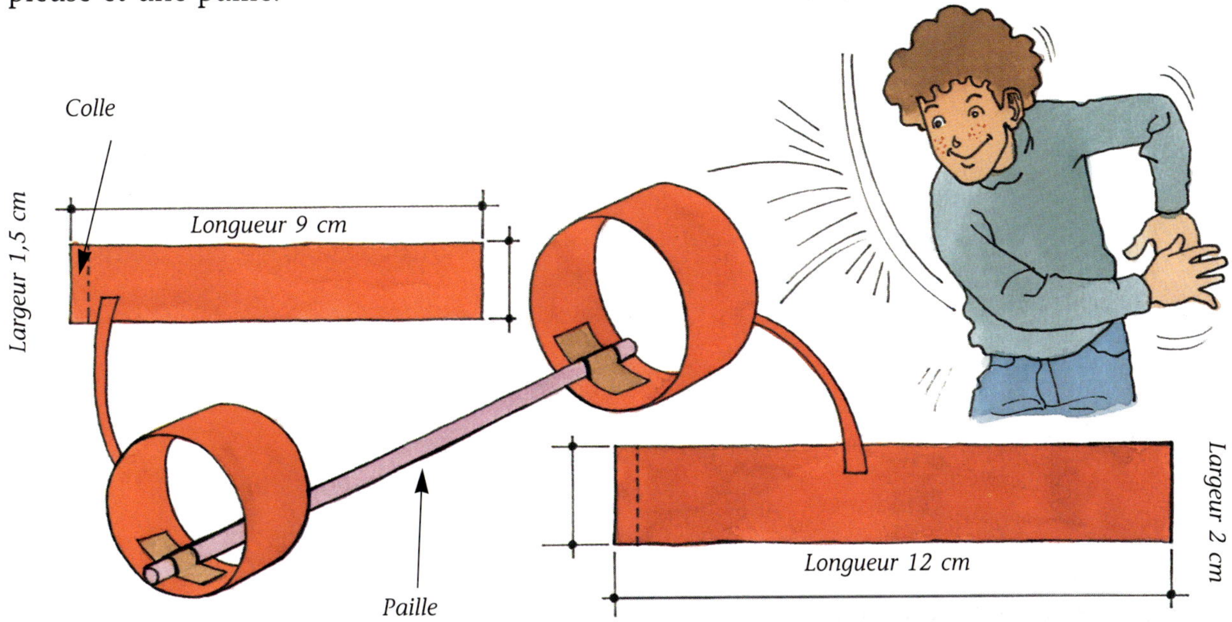

Hélice magique

Matériel : *deux petits bâtons de 15 cm chacun ; le bâtonnet d'un esquimau.*

1 Fais quelques encoches sur l'un des petits bâtons.

2 Fixe la petite hélice obtenue à partir du bâtonnet d'esquimau à une extrémité, à l'aide d'une épingle.

Frotte les encoches avec le deuxième petit bâton. Si tu veux que l'hélice tourne, tandis que tu vas en avant et en arrière, ***tu dois appuyer l'index de la main qui tient le petit bâton contre le petit manche dans lequel l'hélice est enfilée.*** *Si tu appuies avec le pouce, l'hélice tourne du côté opposé.*

Si tu tends la main à l'extérieur de la fenêtre de l'automobile et que tu la tournes, tu sens une poussée vers le haut et vers le bas (demande avant au conducteur si tu peux le faire).

Les expériences proposées dans ces pages démontrent que les objets qui se trouvent à proximité d'un flux d'air sont pris dans le remous du flux lui-même.

Par conséquent dans l'espace où passe un flux d'air fort, une sorte de vide est engendré : c'est-à-dire une diminution de la pression de l'air.

***Aéroglisseur** (hovercraft) : c'est un véhicule sans roues qui bouge sur un coussin d'air.*
***Décrochage :** c'est la condition dans laquelle se trouve un avion qui, à cause de l'angle d'attache de l'aile trop élevé, perd de la vitesse et de la portance et tend à s'écraser.*

Plus de 1 200 brevets

***Thomas Alva Edison**, inventeur et industriel américain (1847-1931). Né d'une famille modeste, il n'est allé que 3 mois à l'école. À 12 ans, il commença à travailler en vendant des journaux dans les trains, des journaux hebdomadaires qu'il avait lui-même préparés et imprimés dans le fourgon à bagages.*
À une époque – les années 1860 – et dans un pays – les États-Unis – où toutes les initiatives étaient possibles et où tout allait très vite, il parvint à déposer quelque 1 200 brevets.
Doué d'un esprit riche et d'un sens pratique extraordinaire, il fut confronté très tôt aux réalités de la vie et s'attaqua aux problèmes concrets des transports, de la vie quotidienne, des loisirs, etc. Il expérimenta sans a priori théorique toutes ses idées, il perfectionna les inventions d'autres personnes, pour faciliter leur production et leur commercialisation.
Il breveta le phonographe, le kinétographe et le kinétoscope, la première ampoule électrique à incandescence, il monta un petit chemin de fer électrique, il travailla au gramophone, à la photographie, il perfectionna la dynamo et projeta les premières centrales électriques.

Suspends deux pommes à des ficelles. En soufflant fort entre les pommes, est-ce que celles-ci s'éloignent l'une de l'autre ou est-ce qu'elles se rapprochent. Pourquoi ?

Plus lourd que l'air, un avion arrive toutefois à prendre son envol. Quand les ailes fendent l'air, il est poussé en dehors de la superficie supérieure. Le résultat est que la pression de l'air, qui est supérieure sur le côté inférieur, pousse les ailes vers le haut. Les ailes soutiennent l'avion. Mais pour avoir une poussée suffisante pour pouvoir décoller, l'avion doit d'abord prendre de la vitesse.

Le manche à balai, *ou levier de commande, est une tige verticale avec laquelle le pilote actionne les ailerons et le gouvernail de profondeur, pour manœuvrer l'avion.*
Le fuselage *est le corps de l'avion sur lequel sont fixées les ailes. Dans le fuselage, on trouve l'habitacle du pilote, des passagers, la soute pour un éventuel chargement des bagages.*

$E = mc^2$

Albert Einstein, *savant allemand naturalisé suisse (1879-1955). Le plus grand des physiciens de notre époque.*
En 1905, il publia quatre ouvrages d'importance fondamentale, parmi lesquels : "Sur l'électrodynamique des corps en mouvement" consacré à la théorie de la relativité spéciale ; "L'inertie d'un corps dépend-elle de son contenu en énergie ?".
En 1907, il exposa pour la première fois, la fameuse équation $E = mc^2$*, qui établit l'équivalence entre la masse et l'énergie.*
Il fut obligé de fuir l'Allemagne à cause des persécutions nazies et il se réfugia aux États-Unis. Il écrivit des ouvrages de vulgarisation, parmi lesquelles "Science et religion".
Son engagement social et civil fut également très important : il protesta contre la violence nazie et travailla à l'emploi pacifique de l'énergie atomique.
Son dernier message pacifiste finit par ces mots : "Nous adressons un appel comme êtres humains aux êtres humains : rappelez-vous votre humanité et oubliez le reste. Si vous êtes capable de le faire, la voie d'un nouveau paradis est ouverte, autrement il y a devant vous le risque de la mort universelle".

Qu'est-ce que la lumière ?

La lumière est l'un des plus grands mystères de l'univers. Selon la physique quantique, la lumière possède des caractéristiques aussi bien ondulatoires que corpusculaires.

Créer un arc-en-ciel

Les couleurs de l'arc-en-ciel sont présentes à chaque instant dans les rayons du soleil, mais elles nous apparaissent mélangées et elles forment une seule couleur : le blanc.
Les gouttes d'eau se comportent comme des prismes capables de séparer les différentes composantes de la lumière solaire en rendant visible ce que l'on appelle le *spectre solaire*, c'est-à-dire les sept couleurs de l'arc-en-ciel.
Pour recréer un arc-en-ciel chez toi, prends une petite bassine pleine d'eau. Plonge un miroir, en faisant des angles par rapport à la surface de l'eau et en le tournant vers le soleil.
Un arc-en-ciel apparaîtra sur le plafond.
Mets un verre plein d'eau sur le rebord d'une fenêtre de façon qu'il soit frappé par les rayons du soleil.
Bouge-le et tu verras se former de nombreux arcs-en-ciel sur le sol et sur le plafond.
Si tu étends une feuille de papier blanc sur le sol, l'arc-en-ciel se distinguera encore mieux.

À la vitesse de la lumière

La lumière visible est constituée par des ondes de photons. Les photons, selon la définition de Einstein, sont les particules élémentaires correspondant à des quantités indivisibles d'énergie électromagnétique avec des fréquences comprises entre 400 000 et 800 000 milliards de vibrations à la seconde. Les rayons gamma à haute fréquence (longueur d'onde, un millième de milliardième de mètre) de même que les ondes radioélectriques kilométriques, sont des radiations électromagnétiques. La vitesse de la lumière, en calculant une moyenne des résultats obtenus avec différentes méthodes, est d'environ 300 000 km/s.

Le kaléidoscope

Le kaléidoscope est un appareil très simple inventé par Sir David Brewster (physicien anglais, 1781-1863) en 1817. C'est un jeu optique constitué par un tube et quelques petits miroirs, qui donnent lieu à des images colorées et symétriques.
Le nom est formé par trois mots grecs : Kalòs "beau", éidos "figure" et scopio "voir".

1 Achète trois bandes de miroir (20 x 5 cm), compose un prisme de façon à ce que les faces des miroirs soient tournées vers l'intérieur. Attache-les avec du ruban adhésif.

2 Avec du carton, forme un tube autour des miroirs.

3 Découpe maintenant un cercle de carton et pratique un trou de quelques millimètres dans son centre. Fixe-le à une base du prisme.

4 Construis une petite boîte ronde qui puisse couvrir la base du prisme encore ouverte. Substitue le fond avec un disque en verre dépoli.

5 Éparpille des morceaux de papier vélin coloré, des débris de verre, des plumes, etc. à l'intérieur de la boîte.

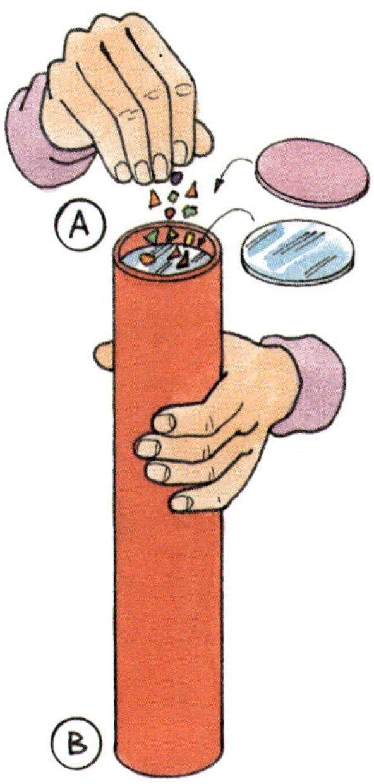

6 Le couvercle de la petite boîte ronde est constitué par une autre vitre, de façon que les objets enfermés entre les deux vitres puissent bouger librement.

7 Insère la boîte à la base du kaléidoscope et regarde à contre-jour à travers le trou. Tourne le prisme lentement autour de son axe. Tu assisteras à un spectacle inépuisable de figures toutes différentes.

L'ANÉMOMÈTRE, LE BAROMÈTRE ET...

La manche à air

La manche à air (ou chaussette) permet de connaître la direction du vent à terre.

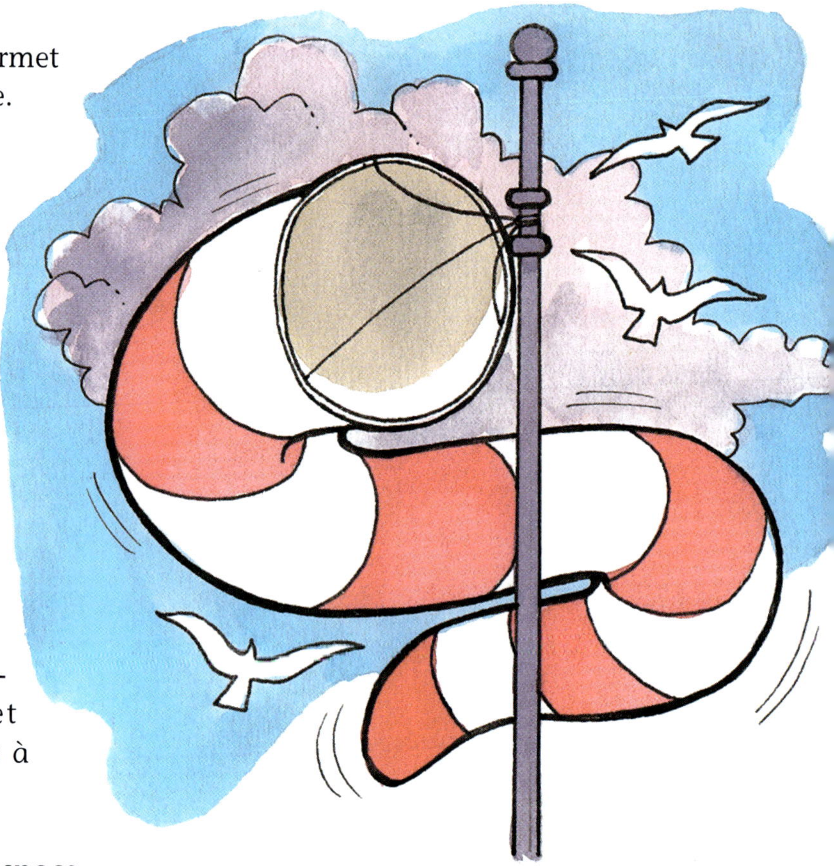

1 Pour la réaliser, coupe le pied d'un vieux bas en Nylon.

2 Fixe un cercle en fil de fer autour de l'ouverture supérieure du bas.

3 Attache trois morceaux de ficelle, de 40 cm de long environ, à l'anneau, et fais un nœud aux extrémités libres.

4 Plante un clou de 5 cm au sommet d'un manche à balai et attache le groupe de trois fils à celui-ci.

5 Plante l'instrument dans un espace libre. Le vent remplira le bas en indiquant la direction dans laquelle il souffle. Avec une boussole, détermine à partir de quel point cardinal il souffle.

Pourquoi le silence est-il aussi pesant après une chute de neige ? *Bien sûr, il y a moins de monde dehors, mais ce fait n'est pas suffisant pour expliquer autant de calme. Les petits interstices entre les cristaux de neige absorbent le son exactement comme les panneaux d'isolant phonique qui sont utilisés dans les bureaux modernes. Au fur et à mesure que la neige se tasse, l'absorption des sons se réduit.*

On peut voir la foudre sans entendre le tonnerre. *En effet, il est rare qu'on puisse entendre le son du tonnerre, à plus de 25 km du lieu où tombe la foudre. Toutefois, on peut entendre le feu de l'artillerie et les explosions bien au-delà de cette distance. Pourquoi ne peut-on pas entendre le tonnerre aussi bien ?*

Sais-tu qu'un seul nuage peut transporter jusqu'à 1 000 t d'humidité ?
Pendant une journée très chaude, l'air extrait 25 milliards de litres d'eau à l'heure dans le golfe du Mexique et avec un pont aérien, elle en envoie des millions de tonnes sur le nord-est des États-Unis.

Pourquoi le son porte-t-il plus loin lorsqu'il fait froid que lorsqu'il fait chaud ?

Pourquoi entend-on mieux quelqu'un qui crie au loin si l'on a le dos au vent plutôt que si l'on est face au vent ?

Le petit "Monsieur Météo"

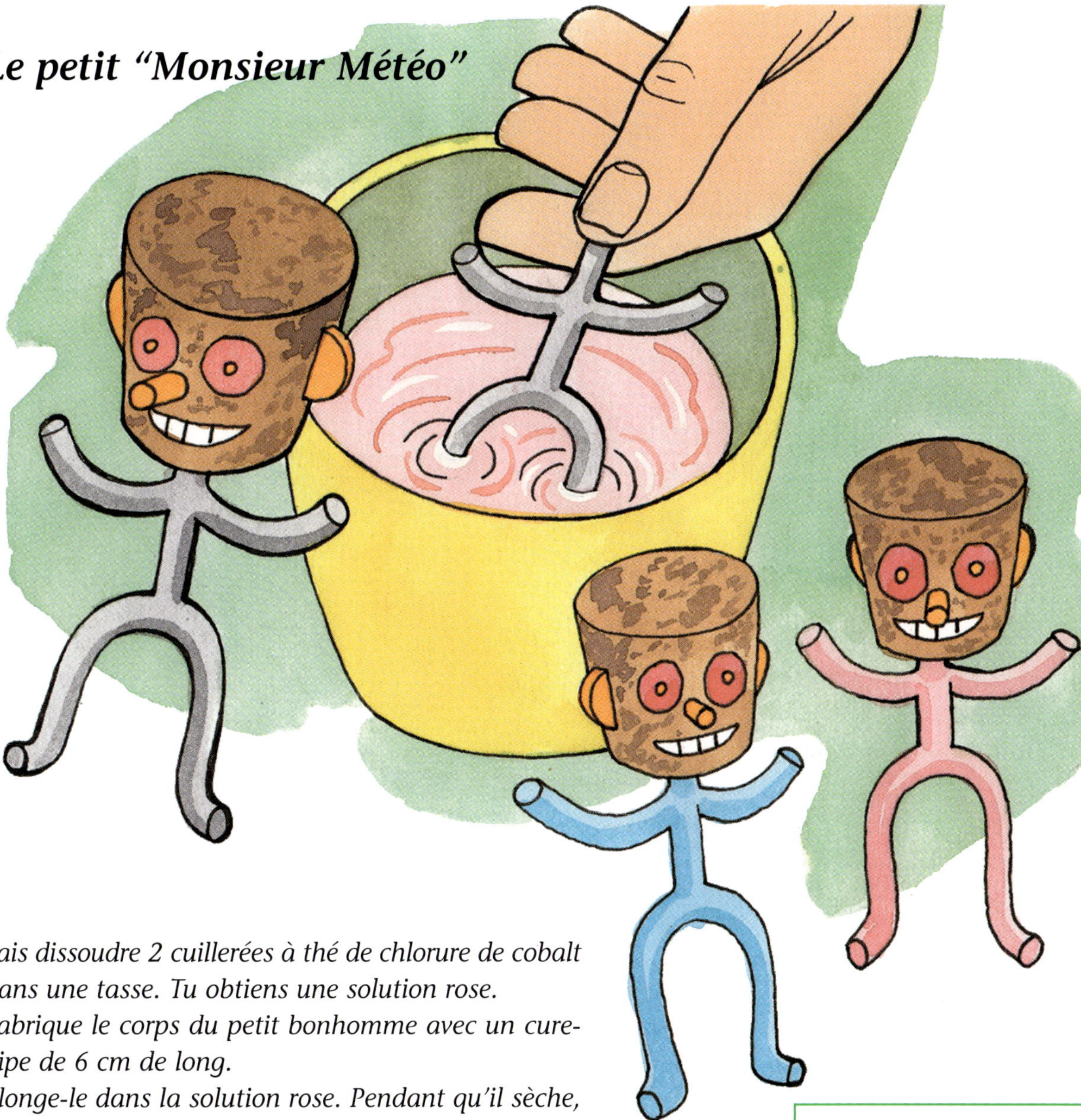

Fais dissoudre 2 cuillerées à thé de chlorure de cobalt dans une tasse. Tu obtiens une solution rose.
Fabrique le corps du petit bonhomme avec un cure-pipe de 6 cm de long.
Plonge-le dans la solution rose. Pendant qu'il sèche, peins le visage sur le bouchon.
Maintenant, regarde le petit bonhomme : il devient rose si le temps est humide, bleu si le temps est sec.

***Louis Pasteur**, chimiste et biologiste français (1822-1895).*
Au début de sa carrière, il s'intéressa aux phénomènes de la fermentation du vin. À partir de 1887, il porta son attention sur les causes et la prévention des maladies infectieuses de l'homme et des animaux en démontrant qu'elles sont dues à la multiplication des microbes dans l'organisme.
Ces études lui permirent de perfectionner les procédés de vaccination déjà pratiqués pour la variole en préparant pour la première fois des vaccins avec des germes atténués.
Au début, en effet, la vaccination consistait à transmettre à l'homme une maladie de la vache "la vaccine" grâce à laquelle on pouvait éviter d'être frappés par la variole.
Pasteur, après avoir combattu avec succès le choléra des poules, le charbon des ovins, l'érysipèle des porcs, s'attaqua à la rage, une maladie virale transmissible à l'homme par la morsure de mammifères à travers l'inoculation de la salive, caractérisée par des symptômes nerveux et de douloureuses crampes musculaires.

Le petit diable de Descartes

Le petit diable de Descartes

1 *Vide un œuf. Peins les yeux, le nez, la bouche... et fixe le corps en tissu avec de la cire. Leste les pieds pour que le petit bonhomme immergé dans un vase plein d'eau, affleure au niveau de l'eau.*

2 *Perfore l'œuf dans la partie inférieure pour le passage de l'eau. Ferme le bocal avec une membrane en caoutchouc élastique (par exemple un petit ballon découpé), en l'attachant bien autour du col du récipient. Laisse une petite quantité d'air entre la membrane et le niveau de l'eau.*

3 *En appuyant sur la membrane, tu comprimes l'air situé au-dessous, ce qui fera pénétrer un peu d'eau dans l'œuf qui tombera vers le fond parce qu'il devient plus lourd. Quand tu arrêtes de comprimer la membrane, un peu d'eau sort de l'œuf et le petit plongeur remonte à la surface.*

__René Descartes__ est un philosophe et mathématicien français (1596-1650). Initiateur de la philosophie moderne, il fonda une méthode scientifique pour la philosophie, sur le modèle de celle des mathématiques.
Dans le domaine scientifique, il a fondé la géométrie analytique moderne et a contribué à des recherches en anatomie, en physiologie et en optique.

Les allumettes danseuses

Remplis une bouteille d'eau et plonge quelques allumettes en cire.

Mets ton doigt dans le goulot de la bouteille pour le boucher. En bougeant le doigt, les allumettes monteront et descendront et on aura l'impression qu'elles exécutent tes ordres.

EXPÉRIENCES AVEC LE FEU

Héphaïstos est le dieu du feu aux muscles puissants qui a fait dans ses forges le char du Soleil, la foudre et le sceptre de Zeus, la cuirasse d'Héraclès, les palais de l'Olympe...

Les expériences avec le feu te guideront à l'intérieur du monde de la chimie.

Qu'est-ce qu'il y a dans la flamme d'une bougie ?

La paraffine solide, avec laquelle on fait les bougies, est constituée d'hydrocarbures, c'est-à-dire de substances qui contiennent de l'hydrogène et du carbone réunis.
*La paraffine fondue s'évapore dans la zone **A** de la flamme, une zone foncée de gaz de paraffine non brûlés.*
*Dans la zone **B**, le gaz de paraffine se sépare en hydrogène et en carbone (suie).*
*Dans la zone **C**, particulièrement lumineuse, on trouve de petites particules incandescentes qui donnent de la lumière.*
Tiens un petit carton blanc, horizontalement, au-dessus de la flamme pendant quelques instants. La tache produite sur le carton est fuligineuse, ce qui signifie qu'il y a du carbone dans la flamme. La tache a en outre une forme circulaire, vide au centre, cela veut dire que la flamme est froide à l'intérieur.
Tiens un couteau froid pendant un moment au-dessus de la flamme à une distance de 10 cm. Est-ce que tu vois de l'humidité sur la lame ? Quand la flamme d'une bougie brûle, il peut se former de l'eau.

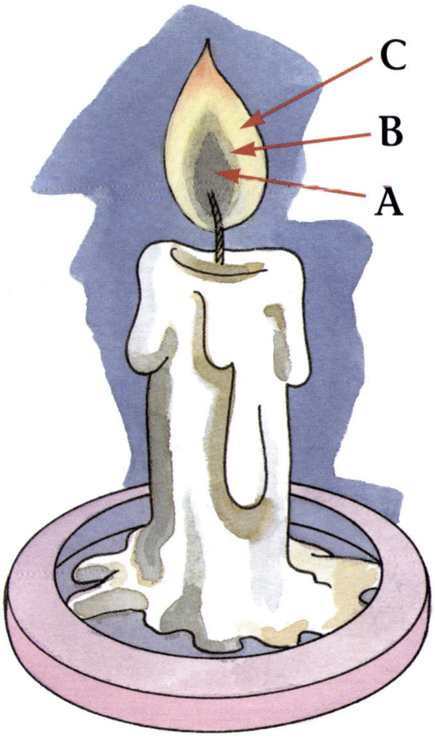

Faut-il mettre une petite cuillère de métal dans la tasse avant de verser un liquide très chaud ?
Quand on verse un liquide chaud dans une tasse, les couches internes de ses parois se réchauffent en premier puis graduellement celles de l'extérieur. Un réchauffement non homogène cause une expansion elle-même non homogène et la tasse peut se casser. C'est pourquoi il est bon de mettre la petite cuillère dans la tasse car les métaux sont bons conducteurs de chaleur.

Coupe une bouteille

Tu as cassé une bouteille ? Transforme-la en un bocal à expériences. Remplis la bouteille d'eau froide jusqu'au niveau où tu désires la couper.
Trempe une ficelle dans l'alcool et noue-la autour de la bouteille à l'endroit où tu veux la couper.
Attention de ne pas faire tomber de gouttes d'alcool en dehors du lacet !
Éloigne la petite bouteille d'alcool et lave-toi bien les mains. Enflamme la ficelle : avec le feu, la bouteille se coupe exactement au niveau de la ficelle.
Pour émousser la ligne de coupe et la rendre non-coupante, utilise une petite lime et habille-la avec du ruban adhésif.

André Marie Ampère, *physicien, mathématicien français (1775-1836). Doté d'une intelligence précoce, autodidacte qui se consacra à la philosophie, à la littérature, aux sciences naturelles et surtout aux mathématiques.*
Sa contribution fondamentale au développement de la science moderne concerne le courant électrique. Il effectua aussi de nombreuses réalisations pratiques à partir de ses études, comme l'instrument de mesure du courant électrique (qui sera appelé "ampère-mètre"), le solénoïde et l'électro-aimant. Il conçut en outre le premier projet de télégraphe.
Il a laissé son nom à l'unité de mesure d'intensité du courant électrique – l'ampère –, ainsi qu'à de nombreuses lois et théorèmes liés à ce domaine.

La chimie

La chimie est la science qui étudie les substances, naturelles ou artificielles, aussi bien du point de vue de leur composition et de leur structure que des transformations qui conduisent à leur formation.
Les premières expériences chimiques remontent aux plus anciennes civilisations méditerranéennes. Les Égyptiens connaissaient déjà le moyen de préparer un certain nombre de métaux et d'alliages (cuivre, étain, plomb, fer, argent et or), le verre, la terre cuite, de nombreux colorants d'origine organique et minérale, le savon, les huiles, les boissons fermentées et diverses substances médicamenteuses.
La période gréco-romaine apporta de nouvelles connaissances dans le domaine de la métallurgie et de la pharmacologie.
Une recherche importante fut entreprise par les alchimistes, dans les siècles passés ; ceux-ci se proposaient de rechercher la substance en mesure de transformer les métaux nobles en or. Leur rêve prospéra jusqu'à la deuxième moitié du XVIIe siècle.
Depuis cette époque, grâce à l'œuvre de grands savants comme Boyle, Lavoisier, Avogadro, les domaines de la science chimique moderne ont été définis.

Tu peux acheter les produits pour les expériences illustrées dans les pages suivantes dans les épiceries, les pharmacies auprès d'une coopérative agricole ou d'une jardinerie. Beaucoup d'éléments se trouvent aussi chez toi…

Le rayon de la mort

On raconte que pendant le siège de Syracuse par les Romains, vers 14 av. J.-C., le savant grec Archimède sauva sa ville en incendiant la flotte romaine en se servant de la lumière du soleil.
La méthode utilisée par Archimède fut reconstituée par un ingénieur grec qui mit en batterie 70 miroirs plans, d'environ 1 m par 1,50 m chacun, tenus par des assistants qui concentrèrent les rayons du soleil sur un bateau à rames situé à environ 50 m de la plage. C'est sans doute ce que firent les soldats qui détruisirent la flotte qui les assiégeait.

Construis un filtre

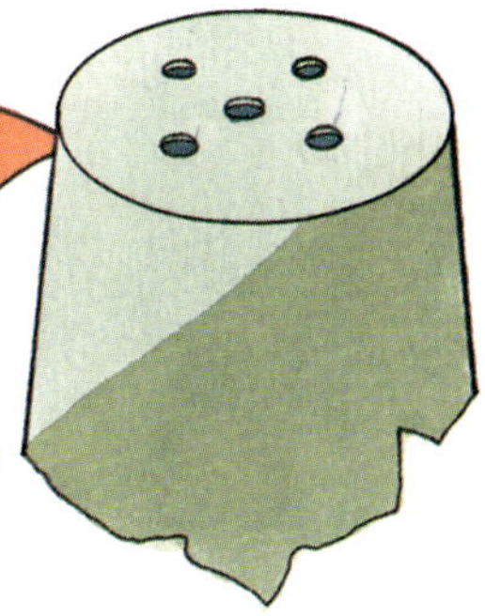

1 *Mets le petit pot à yaourt sur une serviette en papier. Avec un crayon à papier, dessine un cercle en suivant la base du petit pot. Découpe le cercle avec les ciseaux. Ton filtre en papier est prêt.*

2 *Avec un petit clou, perce 4-5 trous dans le fond du récipient.*

3 *Mets le filtre de papier au fond du pot.*

4 *Mets le pot sur l'orifice d'un récipient en verre. Prépare le mélange, verse-le lentement. La partie solide qui reste sur le filtre de papier est appelée* substance résiduelle *; le liquide qui passe s'appelle* liquide filtré.

La girouette de bougies. Pour perforer la cire, chauffe une tige de métal. Mets-la en équilibre sur deux verres.
Allume la mèche aux deux extrémités ; la bougie tourne comme une girouette.

***Luigi Galvani**, médecin italien (1737-1798). Professeur d'anatomie à l'université de Bologne, il concentra ses recherches sur l'électricité. Il observa en particulier qu'en stimulant les muscles d'une grenouille décérébrée avec un arc formé par deux métaux (cuivre et zinc), des contractions apparaissaient. Il pensa que le phénomène était dû à l'existence d'une électricité animale, qui se diffusait dans le corps par l'intermédiaire des nerfs. Il fut contesté par son élève, Alessandro Volta, qui démontra que l'électricité provenait de l'arc formé par les deux métaux différents.*

Qu'est-ce qu'un réactif ?

Certains liquides changent de couleur comme par magie. Ce sont des réactifs et ils peuvent être utilisés pour distinguer les substances acides, alcalines ou neutres.

Écrase des baies de sureau dans une tasse, ajoute un peu d'eau bouillante et mélange bien le tout. Filtre la solution quand elle s'est refroidie (relis la page 83).

Le liquide qui passe à travers le filtre est l'un des liquides "magiques" (réactifs). Garde-le dans un bocal en verre fermé avec un couvercle vissant.

■ Verse quelques gouttes de la solution obtenue dans un verre et ajoute un peu de vinaigre. Le liquide change de couleur ; il passe du pourpre au rouge.

Ajoute de la lessive (ou de la soude). Le liquide passe du pourpre au vert.

Dans une substance neutre, c'est-à-dire ni acide, ni alcaline, le sureau est de couleur pourpre. Dans une solution acide, il devient rouge, et vert dans une solution alcaline.

Qu'est-ce qui arrive quand tu ajoutes :

- *de la salive*
- *de la mousse de savon*
- *une solution diluée d'ammoniaque*
- *du bicarbonate de soude*
- *du jus de citron et du jus d'orange*
- *de l'amidon dissous dans de l'eau*
- *du miel dissous dans de l'eau*
- *de la poudre pour blanchir le linge*
- *de l'eau salée*
- *du lait frais*
- *du yaourt*
- *de l'acide borique*

Le chou rouge, les pétales de rose rouge, les betteraves rouges et les pilules laxatives

■ Écrase une pilule laxative avec une petite cuillère ; il faut que la pilule contienne de la phénolphtaléine (*lis la notice de la posologie accompagnant le médicament*).
Verse un peu d'alcool dénaturé dans une soucoupe et mélange bien.
Vérifie les changements de couleur dans un acide (*incolore*) ou dans un alcali (rose).
Dilue la solution de phénolphtaléine avec de l'eau et puis frotte la joue d'un de tes amis avec cette solution.
Tu produiras une empreinte rouge, comme si tu l'avais giflé avec force.

■ Recommence les expériences que tu avais faites avec les baies de sureau, mais cette fois avec du chou, des pétales et des betteraves rouges. Observe quels changements de couleur subissent ces réactifs en ajoutant des acides et des substances alcalines.

***Denis Diderot**, philosophe et écrivain français (1713-1784).*
Il dut gagner sa vie très tôt à cause d'une brouille avec son père. Ce fut surtout un semeur d'idées, qui ne donnèrent des fruits que beaucoup plus tard. Pendant sa vie, les livres qu'il écrivit furent fortement contestés. Certains, à cause de leur hardiesse, furent même brûlés de la main du bourreau.
*Il fut absorbé jusqu'en 1772 par l'œuvre immense que fut l'**Encyclopédie** ou "Dictionnaire raisonné des sciences, des arts et des métiers", réalisée avec d'Alembert et avec la collaboration des plus grands savants de l'époque, expression de ce qu'il est convenu d'appeler l'encyclopédisme et l'esprit des lumières.*
Elle est considérée comme la première encyclopédie moderne. Des encyclopédies fameuses furent publiées ensuite aux XIXe et XXe siècle : Larousse (France), Britannica (Angleterre), Treccani (Italie).

Soufre de fer

Mélange de la limaille de fer et du soufre ; une petite cuillère de limaille et deux de soufre.
Mets la poussière obtenue dans une tasse, où tu auras versé un peu d'eau, juste ce qu'il faut pour obtenir une pâte.
Tu sentiras la tasse devenir chaude pendant que tu mélanges. Fais attention ! Elle peut devenir aussi brûlante qu'une cafetière.
Est-ce que tu sens l'odeur du soufre ?
Après 20 mn environ, la tasse devrait s'être refroidie.
Quand elle est froide, observe le contenu. Il est différent du mélange initial.
Tu as obtenu en effet un nouveau mélange chimique appelé sulfure de fer. C'est une fine poudre noire.
À ce point, tu ne peux plus séparer le fer du soufre, même pas avec un aimant.
Les composés chimiques sont très différents des mélanges. Normalement, tu ne peux pas récupérer les substances que tu avais au début de l'expérience, avec des méthodes simples.

Charles Darwin, *naturaliste anglais (1809-1882). Poussé par sa passion pour les sciences, il s'embarqua en 1831 sur le brigantin Beagle pour une expédition scientifique qui dura jusqu'en 1836. Il visita les îles du Cap-Vert, le Brésil, la Patagonie, la Terre de Feu, les côtes du Chili et du Pérou et beaucoup d'îles de l'Océan Pacifique parmi lesquelles les Galapagos. Pendant ce voyage, il eut l'occasion d'effectuer de nombreuses observations sur la géologie, la faune et la flore, qui lui donnèrent la possibilité de s'attaquer au problème de l'origine des espèces. À son retour, en raison d'un mauvais état de santé, il se retira dans le Kent où il passa le reste de sa vie. En 1859, il publia le livre "De l'origine des espèces au moyen de la sélection naturelle". Il effectua aussi des recherches dans le domaine de la botanique et de la psychologie.*

COMMENT RELEVER LES EMPREINTES DIGITALES

Matériel : *une feuille de papier blanc, de la teinture d'iode, une pince à linge, un couvercle de petit pot, un réchaud à gaz.*

Appuie le pouce sur une feuille de papier blanc.
Verse quelques gouttes de teinture d'iode dans le couvercle métallique d'un bocal.
Avec une pince à linge, pose le couvercle sur le feu et réchauffe la feuille doucement.
L'iode s'évapore.
De quelle couleur est sa vapeur ?
L'empreinte apparaît comme par magie.
La teinture d'iode est une solution d'iode dans de l'alcool. Quand la vapeur d'iode se refroidit, elle redevient solide, c'est pour cela que tu vois l'empreinte de ton pouce tracée sur le papier blanc par l'iode qui, en se refroidissant, s'est solidifié.

Michael Faraday*, physicien anglais (1791-1867). Pratiquement autodidacte, il commença à travailler très jeune comme relieur, tout en s'intéressant à l'étude de la chimie.*
En 1812, lors d'une conférence de H. Davy, il fit des observations si pertinentes que le grand savant l'engagea comme secrétaire. Il effectua des recherches sur la liquéfaction de certains gaz ; il fit des études fondamentales sur l'électrolyse, l'électricité, le magnétisme, la lumière. Comme c'était un expérimentateur très habile, il orienta ses recherches dans la perspective d'une démonstration de ses intuitions théoriques.
Beaucoup de lois relatives aux phénomènes électrolytiques portent son nom.
Il succéda à Davy dans la même chaire universitaire.

LA MÉTHODE EXPÉRIMENTALE

Dans ce livre, on t'a présenté les expériences quelquefois de façon amusante, comme s'il s'agissait de jeux.
En réalité leur but est celui de susciter en toi la curiosité pour le monde merveilleux et complexe de la nature, de stimuler ton esprit d'observation, de faire naître en toi l'enthousiasme pour la recherche et le désir de découvrir les lois qui sont à la base des phénomènes naturels.

Depuis toujours l'homme a essayé de comprendre les causes des phénomènes naturels, surtout pour se défendre des plus dangereux et pour prévenir leurs effets. Les Anciens expliquaient les phénomènes naturels en les attribuant à des forces surnaturelles. Les tempêtes, les orages ou la sécheresse étaient pour eux les signes de la colère des dieux, tandis qu'une mer d'huile et des moissons abondantes attestaient de leur bienveillance.

Aristote

Aristote, philosophe grec, né à Stagire en (env.) 384 av. J.-C. et mort à Chalcis en (env.) 322 av. J.-C., appelé par le roi de Philippe de Macédoine pour devenir le précepteur de son fils Alexandre. Il fonda à Athènes une école, le Lycée, ainsi nommée parce qu'elle avait son siège dans le quartier du temple d'Apollon Liceo. Les élèves étaient appelés aussi "péripatéticiens" parce que les leçons étaient tenues en se promenant (en grec "peripatos" signifie lieu où l'on se promène).
Il étudia chaque aspect de la vie naturelle et humaine, le mouvement en général et celui des cieux en particulier, le sommeil et la mémoire des hommes.
Il confia à la logique, le devoir d'étudier la méthode de la connaissance scientifique en général, c'est-à-dire les termes, les propositions et les déductions.
Sa réflexion forma et conditionna la préparation culturelle des intellectuels pour les siècles suivants, au moins jusqu'au XVIe siècle.

Les philosophes grecs et surtout Aristote se consacrèrent, eux, à l'étude de la nature à travers l'observation systématique, le raisonnement et l'explication logique. C'est seulement Galilée qui fit prendre un tournant décisif à la science avec l'élaboration de la "méthode expérimentale", qui est encore aujourd'hui à la base de toute la recherche scientifique. Il démontra que les connaissances scientifiques ne peuvent pas résulter seulement de l'observation et de l'explication logique des phénomènes ; il est nécessaire de pouvoir les reproduire en laboratoire, par des expériences dans des conditions strictement contrôlées. De cette façon seulement, les hypothèses, une fois confirmées dans les vérifications expérimentales, peuvent devenir des lois.

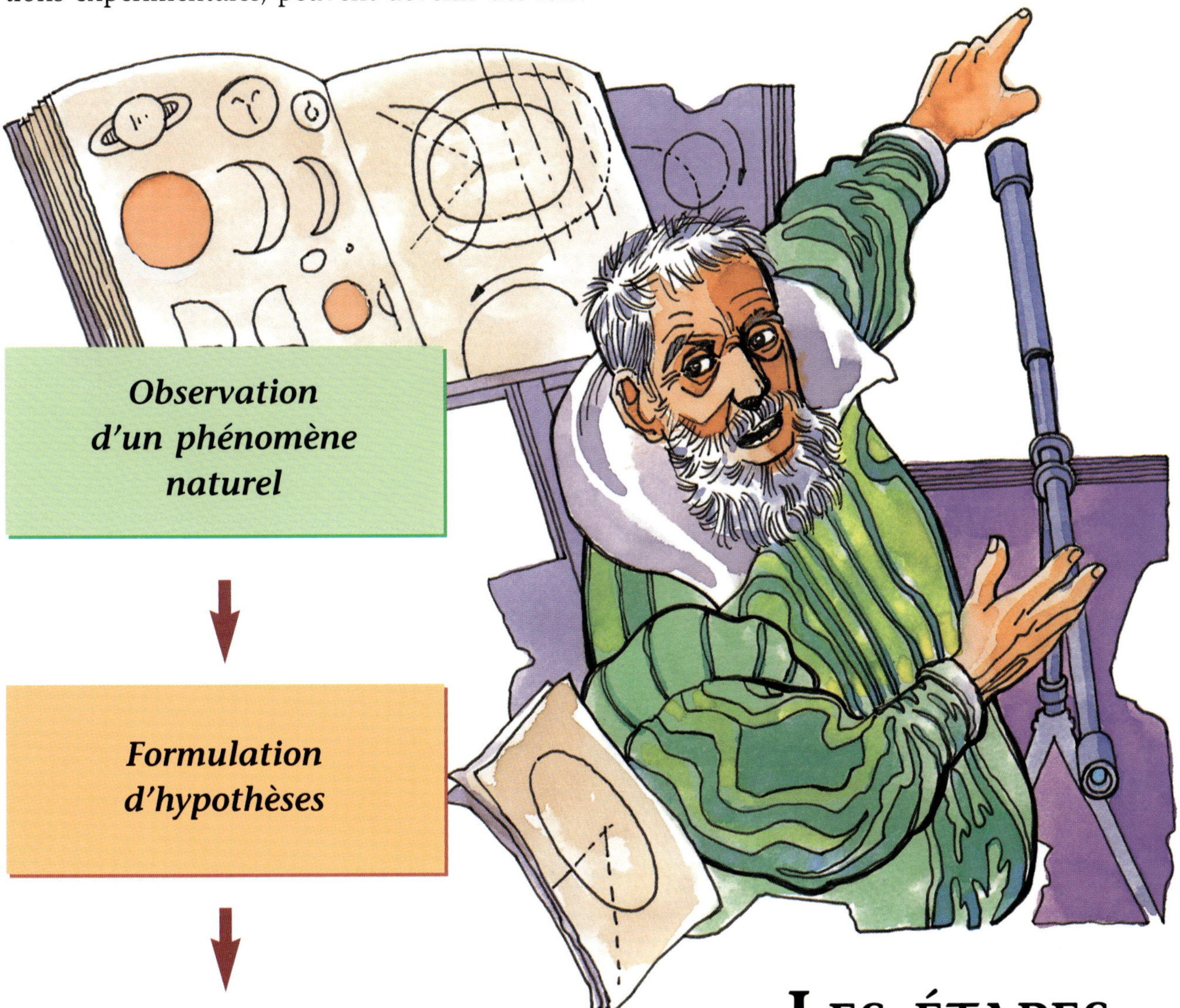

Observation d'un phénomène naturel

↓

Formulation d'hypothèses

↓

Vérification des hypothèses à l'aide des expériences

↓

Énonciation d'une loi

Les étapes du parcours expérimental élaboré par Galileo Galilei dit "Galilée"

Imagine que tu es confortablement allongé sur ton lit, plongé dans la lecture d'un livre passionnant. Tu es arrivé au point décisif de la narration permettant de comprendre la suite de l'aventure quand, soudain, la lampe de ta table de nuit s'éteint à l'improviste. Tu te lèves en grognant, tu crois que l'ampoule est grillée, tu en prends une neuve et tu la remplaces : mais elle ne s'allume pas.

Tu penses alors que le courant électrique est coupé au niveau de la prise et, pour le vérifier, tu essaies d'allumer la lumière principale de ta chambre. Elle ne s'allume pas non plus ; tu imagines qu'un court-circuit s'est produit dans l'installation ou qu'un trop grand nombre d'appareils ont été branchés en même temps, faisant fonctionner le disjoncteur situé après le compteur. Si, l'ayant ré-enclenché, il n'y a toujours pas de courant, tu pourras conclure qu'une panne s'est produite sur le secteur. Un simple problème de vie quotidienne t'auras permis d'observer certains phénomènes, de formuler des hypothèses sur leur cause et d'expérimenter des solutions.

Sans doute as-tu eu déjà l'occasion d'observer un petit enfant essayant d'insérer des petits blocs de bois de formes variées dans les trous calibrés d'une petite tablette. L'enfant essaie et essaie encore jusqu'à ce qu'il ait compris que la solution est dans la correspondance entre la forme du morceau de bois et celle du trou.

Ces deux exemples très ordinaires utilisent le même cheminement que le savant qui observe, fait une enquête, découvre, trouve les explications et les solutions aux problèmes qui lui sont posés.

Les dix commandements du jeune savant

1 N'improvise pas les expériences : tu obtiendrais sinon des résultats peu satisfaisants ; tu risques de te blesser et de causer des catastrophes.

2 Organise-toi bien avant de commencer l'expérience : choisis un lieu approprié, prépare avec soin les instruments et les produits, étudie attentivement le procédé.

3 Informe-toi sur les propriétés des substances à employer et prends les précautions nécessaires pour éviter de désagréables dommages pour ta santé et le milieu dans lequel tu agis.

4 Pendant les expériences, observe avec attention l'ensemble et les détails. Inscris avec précision tout ce qui arrive sur une fiche spéciale que tu auras préparée.

5 N'interromps pas une expérience, mais conduis-la à son terme même si elle ne réussit pas parfaitement. Tu pourras toujours recommencer.

6 Lorsque l'expérience est terminée, lave-toi bien les mains sous l'eau courante.

7 À la fin de chaque expérience, nettoie soigneusement tous les instruments que tu as utilisés.

8 Range soigneusement les substances et les produits utilisés dans les récipients destinés à cet usage.

9 Mets bien en ordre tous les produits et les instruments, en les subdivisant par genre et en étiquetant les bocaux.

10 Ne te décourage pas si l'expérience ne réussit pas la première fois. Les erreurs et les problèmes peuvent aussi te servir de stimulation pour procéder avec plus de précision. Les savants les plus célèbres, eux-mêmes, ont répété plusieurs fois la même expérience avant d'obtenir des résultats satisfaisants.

Les cinq sens

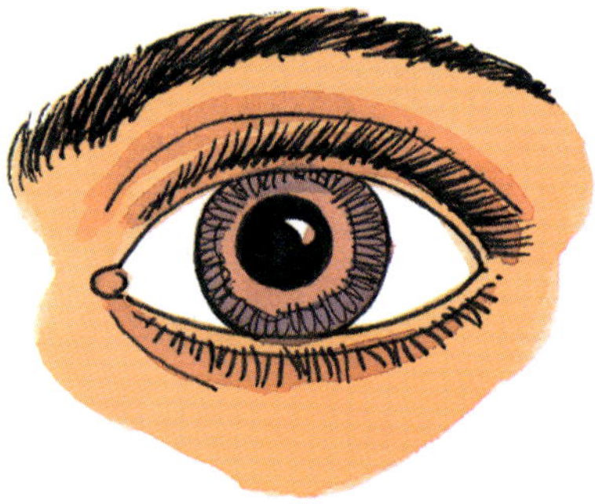

Pour effectuer correctement une expérience, et en tirer les éléments utiles à la compréhension d'une loi, de même que pour arriver à la connaissance d'un environnement, d'un phénomène, d'un être vivant, il est nécessaire, avant tout, de faire une observation attentive et détaillée.
Pour observer, on utilise les cinq sens et les différents organes respectifs : l'œil pour la vue, l'oreille pour l'ouïe, la peau pour le toucher, le nez pour l'odorat et la langue pour le goût.

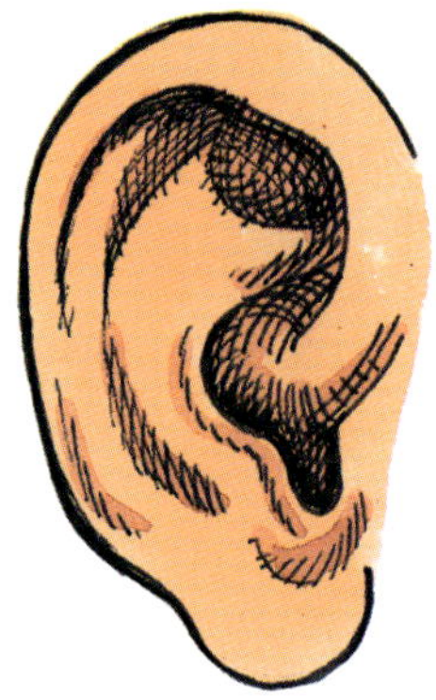

Tu peux saisir les formes, les dimensions, les couleurs, les mouvements avec ***la vue****.*

Tu peux percevoir les sons et les bruits avec ***l'ouïe****.*

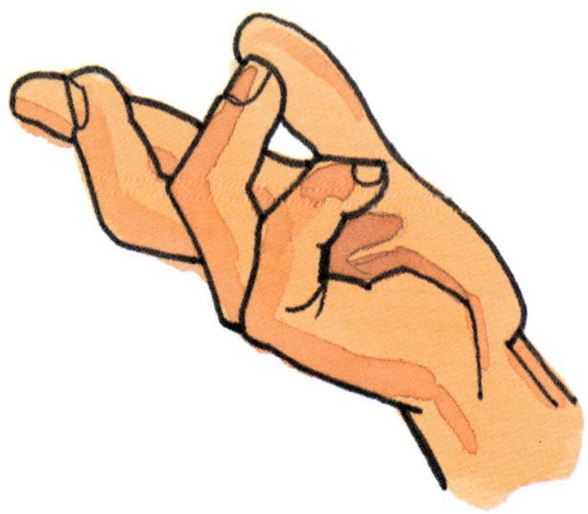

Tu peux recueillir des informations sur le poids, sur la température, sur la dureté, sur la forme des corps avec ***le toucher****.*

Tu identifies les odeurs avec ***l'odorat*** *et les saveurs avec* ***le goût****.*

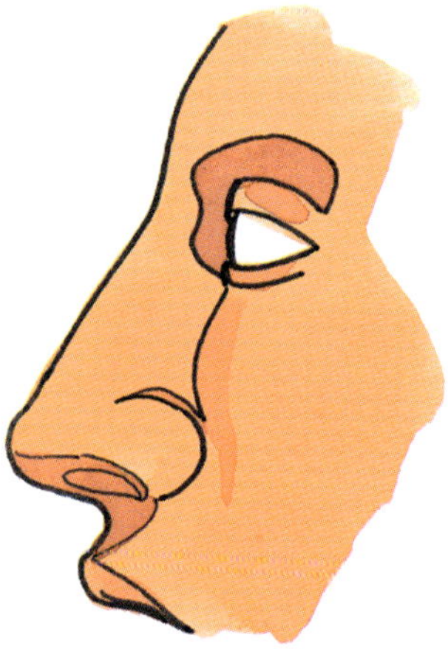

Ce type d'observation, qui se fonde sur la propre expérience de perception à travers les cinq sens, est le point de départ de n'importe quelle connaissance et il est important de l'exercer et de la pratiquer méthodiquement.

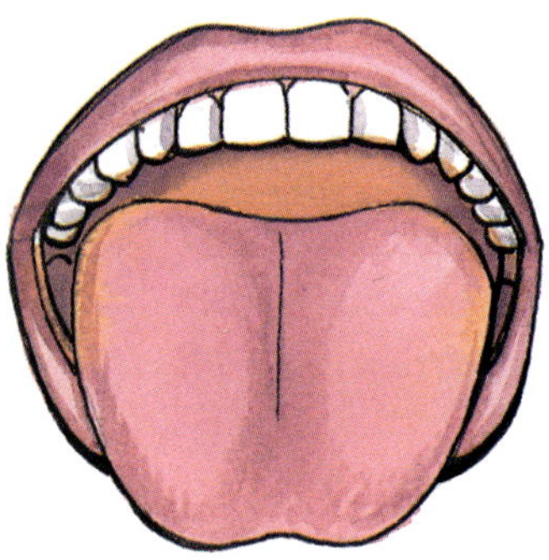

Une observation curieuse et personnelle, un détail insolite peuvent être l'idée clef, l'origine d'un parcours de recherche complexe et articulé : c'est ce qui est arrivé à de nombreux grands savants.
L'observation personnelle, aussi méthodique et systématique qu'elle soit, n'est pas suffisante pour atteindre la connaissance scientifique, parce qu'elle a un caractère subjectif, c'est-à-dire qu'elle peut changer d'une personne à l'autre. C'est pourquoi il faut se servir de mesures objectives et d'instruments précis.

Le bloc-notes des expériences

Procure-toi un gros cahier à spirale et utilise-le pour recueillir et illustrer tes expériences, en enregistrant tes observations et tes découvertes. La première page sera la couverture, avec le titre, ton nom, et un dessin amusant. Les pages suivantes te serviront de fiches pour l'enregistrement des différentes expériences.
Utilise une nouvelle fiche pour chaque expérience et recopie sur chacune, le schéma illustré dans la page voisine.

FICHE D'OBSERVATION

Titre de l'expérience ______________________________

Date ______________________________

Heure ______________________________

Durée ______________________________

Lieu ______________________________

Liste des produits avec les dimensions, poids et quantités

____

____

____

____

____

Liste des instruments ______________________________

____

____

____

____

Séquence des actions ______________________________

____

____

____

____

Observations ______________________________

____

____

____

Difficultés rencontrées ______________________________

____

____

____

Surprises éventuelles ______________________________

____

____

____

Conclusions ______________________________

____

____

____

____

Sommaire

Expériences sur la Terre

Par la force d'inertie 6
Des œufs durs ou crus ? 7
Le levier 8
La rampe et la vis 9
La force du sel 10
Les pendules de Newton 12
Le pendule 14
Trouve le centre de gravité 16
Le pêcheur équilibriste 17
Les peignes électrisés 20
Joue avec les piles 22
Construis un électroaimant 24
Qui a la main la plus sûre ? 25
Le quiz lumineux 26
Les plantes qui mangent 28
Les racines 30
Les graines de céréales et légumes secs 31

Expériences avec l'eau

La paresse de l'eau 36
Marcher sur l'eau 38
Coule-t-il ou flotte-t-il ? 40
Les fontaines et les volcans 42
Miracle... ! 44
Les encres sympathiques 46
Les cristaux merveilleux 48
Pourquoi le savon lave-t-il ? 51
Les bulles de savon 52

EXPÉRIENCES AVEC L'AIR

Les courants d'air	56
Pourquoi le petit carton reste-t-il collé au verre ?	58
La boutique des sons	60
L'écho	61
Les bouteilles musicales	62
Frère Jacques	63
Voler	68
Qu'est-ce que la lumière ?	74
L'anémomètre, le baromètre et...	76
Le petit diable de Descartes	78

EXPÉRIENCES AVEC LE FEU

Coupe une bouteille	81
La chimie	82
Qu'est-ce qu'un réactif ?	84
Soufre de fer	86
Comment relever les empreintes digitales	87
La méthode expérimentale	88
Les étapes du parcours expérimental élaboré par Galileo Galilei dit "Galilée"	89
Les dix commandements du jeune savant	91
Les cinq sens	92
Fiche d'observation	93

Achevé d'imprimer en juillet 1999
par Grafiche BUSTI S.r.l. - Colognola ai Colli (VR)
pour le compte de DEMETRA S.r.l.